UN PALLONE

SPECIALE

QUESTO LIBRO APPARTIENE A:

....

INDICE

CAPITOLO 1: IL SOGNO DI THOMAS

Thomas si svegliò con il sole caldo del mattino che filtrava attraverso le tende della sua stanza. L'estate ormai volgeva al termine, e con essa si avvicinava il giorno del suo decimo compleanno, il 19 settembre. La stagione estiva era stata ricca di viaggi con la famiglia, di giochi al grest estivo e pomeriggi passati ad allenarsi con i suoi migliori amici, fino a quando la sera, stanco e felice, crollava sotto le coperte.

Anche se aveva trascorso buona parte delle vacanze a giocare a calcio, sentiva di non essere ancora abbastanza bravo. A volte, il pallone sembrava avere una volontà propria, rifiutandosi di seguire i suoi comandi. Per fortuna non era solo in questo viaggio: c'erano sempre i suoi migliori amici, Andrea, Sebastian e Sara, pronti a sostenerlo e a studiare ogni strategia possibile per crescere e migliorare.

Il piccolo paese di Borgosole era il loro mondo. Un nome ispirato al fiore che segue il sole, per un villaggio con case dai tetti colorati e strade fiancheggiate da altissimi girasoli che sembravano sorridere a ogni passante. Ogni giorno, i quattro amici si ritrovavano al campetto di calcio, un angolo di verde ai margini del paese, dove ragazzi di tutte le età s'incontravano per giocare e chiacchierare di sport.

Quella mattina, Thomas scese a fare colazione con un'idea fissa. Anche se sapeva di non essere il più abile con il

pallone, si sentiva fortunato ad avere amici che condividevano la sua passione. Insieme, erano una squadra. Quando uno di loro era in difficoltà, gli altri si facevano avanti per aiutare.

«Buongiorno, Thomas!» esclamò Ester, la sua sorellina di cinque anni, mentre mordeva un biscotto. «Oggi posso venire a vedere la partita?»

Thomas le sorrise, accarezzandole la testa. «Certo, Ester. Magari oggi impari qualcosa di nuovo.»

Ester, con i suoi grandi occhi curiosi e la sua energia inesauribile, era sempre entusiasta di seguire il fratello maggiore. Nonostante la sua giovane età, sapeva già come fare il tifo e supportare lui e i suoi amici in ogni partita.

Finita la colazione, Thomas afferrò il pallone e si avviò verso il campetto poco distante da casa, con Ester che lo seguiva a passo svelto. Quando arrivarono, trovarono Andrea e Sebastian, già impegnati a discutere con un gruppo di altri bambini del paese. Solo Sara mancava ancora all'appello, ma una ventina di minuti più tardi, anche lei giunse di corsa giustificando il suo ritardo. «Scusatemi ragazzi, ma Alessandro non voleva proprio lasciarmi andare e si è messo a piangere!»

Sara aveva un fratellino di cinque anni, molto legato alla sorella e alquanto "appiccicoso".

A Borgosole, il campetto era sempre pieno di vita: c'erano bambini di tutte le età, alcuni più grandi, come Marco e Giulio, che giocavano con l'aria di chi aveva già calcato campi importanti, e altri più piccoli, come Matteo, che guardavano i

più grandi con occhi sognanti.

«Eccoti, Sara!» l'accolse Andrea, sollevando una mano per salutarla . «Stavamo giusto decidendo le squadre per oggi.»

Mentre Sara si univa al gruppo, Ester si posizionò a bordo campo, pronta a fare il tifo. Con il suo sorriso raggiante, batteva le mani e saltellava sul posto, emozionata all'idea di vedere suo fratello in azione. Era la mascotte del campetto, e i quattro amici sapevano che il suo entusiasmo era contagioso.

«Allora, chi gioca con chi?» chiese Thomas, tirando fuori una moneta per decidere le squadre.

Dopo qualche lancio storto e sonore risate, finalmente le squadre furono formate. Thomas, Sebastian e Matteo si trovarono insieme contro Andrea, Sara e Giulio, un ragazzo del paese noto per la sua potenza nei tiri.

La partita iniziò, e come sempre, fu intensa. Thomas, nonostante qualche esitazione iniziale, iniziò a trovare il suo ritmo. Ogni volta che aveva una difficoltà, uno dei suoi amici era lì a coprirlo, a dargli un consiglio o semplicemente a incoraggiarlo. A bordo campo, Ester gridava esortazioni, battendo le mani ogni volta che Thomas toccava la palla. Ogni tanto si faceva rapire dall'istinto di unirsi alla partita, ma veniva prontamente richiamata, per paura che potesse farsi male.

«Vai, Thomas! Sei il migliore!» gridava, la sua voce squillante che riecheggiava per tutto il campo.

Thomas si girò verso sua sorella e durante un'azione particolarmente difficile e rischiosa in area, egli cercò di

passare la palla a Matteo, ma il passaggio fu intercettato da Giulio, che sfrecciò verso la porta. Fu in quel momento che Sebastian si lanciò in un recupero fulmineo, rubando la palla e rilanciandola a Thomas con un sorriso.

«Ci sei quasi, Thomas! Prova di nuovo!» gli gridò.

Thomas annuì, sentendosi rincuorato anche dal tifo di Ester. Questa volta, con più sicurezza, riuscì a mandare il pallone a Matteo, che fece un perfetto assist per Sebastian, il quale segnò il gol con un potente tiro in porta.

Ester esultò come se avesse vinto lei stessa la partita, saltellando di gioia. «Bravo, Seb! Grande, fratellone!»

La partita proseguì tra risate e piccole sfide. Sara dribblava con eleganza, mettendo in difficoltà chiunque cercasse di fermarla, mentre Andrea faceva miracoli in porta. Anche i ragazzi più grandi, come Giulio, si accorsero che i quattro amici, nonostante le loro differenze, erano un vero team.

A fine partita, tutti i bambini si sedettero sotto l'ombra di un grande albero, stanchi ma felici. Parlarono delle azioni migliori, dei gol e delle parate, e ognuno di loro quel giorno, sentì di aver imparato qualcosa di nuovo. Ester si unì a loro, raccontando a tutti con orgoglio come suo fratello e i suoi amici avessero giocato benissimo e senza nascondere la volontà di voler partecipare almeno a una partita ma, come lei ben sapeva, era troppo pericoloso giocare con bambini così grandi. Thomas e gli altri le promisero che l'avrebbero fatta giocare durante un allenamento più tranquillo.

Mentre s'incamminavano verso casa, Thomas, tenendo per mano sua sorella, si voltò verso i suoi amici. «Grazie per oggi. Mi avete davvero aiutato. Siamo davvero una bella squadra, vero?»

Andrea, Sebastian e Sara sorrisero. «Siamo sempre qui l'uno per l'altro, Thomas. È questo che ci rende forti,» rispose Sara.

«Già,» aggiunse Sebastian. «E chissà, magari domani toccherà a me chiedere aiuto.»

«E io sarò lì a dartelo,» concluse Thomas, con un sorriso che esprimeva tutta la sua gratitudine.

Tornando verso le case, i quattro amici sapevano che Borgosole era il loro piccolo mondo, e con Ester a bordo campo pronta a sostenerli, si sentivano pronti a conquistare qualsiasi sfida. Anche se quel campetto era solo un fazzoletto di terra ai lati del paese, per loro era il luogo dove i sogni cominciavano a prendere forma. Quello che non sapevano tuttavia, era che a volte le cose non erano sempre come apparivano e questo, lo avrebbero scoperto nel loro viaggio insieme.

CAPITOLO 2: LA COSTANZA NEGLI ALLENAMENTI

L'estate volgeva al termine, e il sole sempre più tiepido brillava alto nel cielo sopra Borgosole. I campi di girasoli del paese, ondeggiavano al vento, come se facessero il tifo per le squadre dei piccoli calciatori locali. Ogni mattina, dopo aver fatto colazione, Thomas afferrava il suo pallone e si dirigeva verso il campetto, deciso a migliorare le sue abilità. Anche se il suo sogno di diventare un grande calciatore era forte, realizzarlo si stava dimostrando più difficile del previsto.

Ogni giorno era una nuova sfida. Thomas passava ore a provare e riprovare i passaggi, i dribbling e i tiri, ma il pallone sembrava proprio non voler collaborare. Quando tentava un tiro, la palla finiva spesso lontano dalla porta, o peggio, rotolava via in una direzione completamente sbagliata. E poi c'erano quei momenti in cui, nonostante i suoi sforzi, si ritrovava a inciampare proprio quando pensava di aver finalmente trovato il giusto equilibrio.

«Sarà tutta colpa di questo campo distrutto», si ripeteva Thomas per rincuorarsi, osservando le irregolarità del prato, pieno di zolle sconnesse. Ma dentro di sé, sapeva che aveva ancora molto da imparare.

Fortunatamente, egli non era solo in questi tentativi. Andrea, Sebastian e Sara erano sempre al suo fianco, pronti a dargli una mano. Anche loro, come Thomas, avevano deciso di

dedicare l'estate a migliorarsi. Sebastian, con la sua forza fisica, si concentrava sui tiri potenti; Andrea, più rapido e agile, si allenava nei dribbling, mentre Sara, con la sua precisione e intelligenza tattica, lavorava sui passaggi e la visione di gioco.

Spesso, dopo essersi rinfrescati con una bevanda ghiacciata a casa di Sara, una partita ai videogiochi da Sebastian o un giro in monopattino nel cortile di Andrea, i quattro amici tornavano al campetto per mettere in pratica ciò che avevano imparato durante la mattinata. Nonostante le difficoltà, l'entusiasmo non mancava mai. Ogni piccolo miglioramento era accolto con esultanze e risate, e ogni errore diventava un motivo per imparare qualcosa di nuovo.

«Ecco, così, Thomas! Prova a usare più il lato interno del piede», gli consigliava Sebastian, mentre Thomas tentava di controllare un passaggio difficile. «Vedrai che sarà più facile dirigere la palla dove vuoi tu.»

«Sì, e non dimenticare di guardare avanti», aggiungeva Sara, osservando il movimento di Thomas. «Se tieni d'occhio la porta, sarai più pronto a reagire.»

Andrea, con la sua determinazione, era sempre il primo a incoraggiare tutti a non mollare. «Se continuiamo così, quando torneremo a scuola saremo imbattibili!» proclamava con fiducia, sollevando il pallone in alto. «E chiunque vorrà sfidarci dovrà vedersela con il miglior team di Borgosole!»

Nonostante l'entusiasmo, non mancarono momenti di frustrazione. C'erano giorni in cui, nonostante gli sforzi,

sembrava che nulla funzionasse. Thomas si sentiva scoraggiato quando vedeva i suoi amici migliorare mentre lui sembrava rimanere sempre allo stesso punto. Durante una partita amichevole, proprio mentre pensava di aver finalmente capito come dribblare Giulio, il ragazzo più grande del gruppo, inciampò goffamente sulla palla, cadendo a terra. Le risate dei ragazzi più grandi risuonarono nel campo, facendolo arrossire di vergogna.

«Non preoccuparti, Thomas», gli disse Andrea, aiutandolo a rialzarsi. «Tutti abbiamo delle giornate storte. La cosa importante è non arrendersi.»

Anche Ester non mancava mai di far sentire il suo supporto. Ogni volta che vedeva il fratello giù di morale, si avvicinava con il suo sorriso radioso e un'energia contagiosa. «Tu sei il mio campione, Thomas!» gli diceva, abbracciandolo forte. «Sono sicura che diventerai bravissimo!»

Ester non perdeva occasione per unirsi ai loro allenamenti, correndo dietro al pallone o cercando di fare qualche piccolo tiro in porta. Anche se era molto più piccola, la sua determinazione e il suo entusiasmo erano una fonte di ispirazione per il fratello maggiore.

L'estate correva verso il traguardo, e con essa anche i progressi del gruppo. Ogni piccolo successo era un passo in più verso il loro sogno. Thomas iniziò a notare che, anche se i miglioramenti erano lenti, c'erano. I passaggi erano più precisi, i tiri più potenti, e persino i dribbling iniziavano a sembrare meno

complicati.

Un giorno, mentre il sole stava calando, colorando il cielo di sfumature dorate, Thomas decise di tentare di nuovo un tiro dalla distanza. Aveva passato tutto il pomeriggio a provare quella tecnica, e ora sentiva di essere pronto. Si concentrò, ricordando tutti i consigli dei suoi amici, e colpì il pallone con forza e precisione. Questa volta, la palla sfrecciò dritta verso la porta, superando Andrea e finendo in rete con un suono soddisfacente.

Per un attimo, il campo rimase in silenzio. Poi, all'unisono, Ester e i suoi amici esplosero in un urlo di gioia. «Hai visto, Thomas? Ce l'hai fatta!» gridò Sebastian, correndogli incontro per abbracciarlo. Sara e Andrea si unirono al gruppo, congratulandosi con lui.

Thomas, con il cuore che batteva forte, si sentì finalmente fiero di sé. Sapeva che c'era ancora molta strada da fare, ma per la prima volta, sentiva che quel sogno non era così lontano come sembrava. Con l'aiuto dei suoi amici e l'inseparabile sostegno di Ester, era pronto ad affrontare qualsiasi sfida.

Mentre il sole tramontava all'orizzonte distendendo le ombre, i quattro amici ed Ester si sedettero sull'erba, guardando il cielo che si tingeva di arancione e rosso. Parlarono di come quell'estate li stava cambiando, non solo come giocatori, ma anche come persone. Le difficoltà affrontate insieme li avevano resi più uniti, più forti.

«E questo è solo l'inizio», disse Sara, con un sorriso pieno di

determinazione. «Immaginate quanto diventeremo bravi!»

«E quanto ci divertiremo a scoprire cosa possiamo fare», aggiunse Sebastian, sollevando il pallone che Thomas aveva appena calciato in porta.

Thomas guardò i suoi amici, sentendo una nuova fiducia crescere dentro di sé. «Non importa quanto sarà difficile», pensò, «con loro al mio fianco, so che ce la farò.»

Quella sera, tornando a casa, Thomas si sentiva diverso. Ogni tentativo, ogni errore, ogni successo era diventato parte di un viaggio che lo stava trasformando. Sapeva che le sfide erano tante e i sacrifici inevitabili, ma ora affrontava il tutto con la consapevolezza che, passo dopo passo, stava diventando il calciatore che aveva sempre sognato di essere.

CAPITOLO 3: UN COMPLEANNO SPECIALE

Il giorno tanto atteso era finalmente arrivato: il decimo compleanno di Thomas. Sin dal momento in cui aveva aperto gli occhi quella mattina, un misto di eccitazione e nervosismo lo aveva pervaso. Si era svegliato prima del solito perché doveva prepararsi per ricevere i suoi amici. Infilò il suo completo preferito, preparato apposta per l'occasione, e subito aveva percepito che quella giornata sarebbe stata diversa da tutte le altre.

Non si trattava solo dei regali o della festa che i suoi genitori avevano organizzato, ma di qualcosa di più profondo, un sentimento che aveva cominciato a maturare dentro di lui durante quell'estate di tentativi e di sfide.

«Buon compleanno, campione!» esclamò il papà, Giovanni, appena Thomas scese le scale. Lo accolse con un sorriso caloroso e un abbraccio affettuoso, che lo fece sentire subito amato e al sicuro. Subito dopo, anche sua madre, Ylenia, lo strinse forte, baciandolo sulla guancia.

«Ecco il nostro cucciolo preferito!» disse lei dolcemente, mentre Ester saltellava intorno a loro, impaziente di consegnargli il suo regalo fatto a mano: un braccialetto intrecciato con i colori della squadra di calcio preferita di Thomas.

Il bambino sorrise, prendendo quel regalo tra le mani e

mamma lo aiutò a indossarlo al polso. Sentiva scaldare il cuore d'amore.

Dopo una colazione speciale a base di waffle con crema al cioccolato, tutta la sua classe, la mitica quinta C, composta da Andrea R. e Andrea A., Sebastian, Sara T. e Sara I., Vincenzo, Noemi, Miriam, Riccardo, Marta, Tancredi, Giuseppe, Raffaele, Siria, Agata, Carlotta, Marco, Alessandro e Greta arrivarono, portando con loro un'aria di festa e spensieratezza. Si riunirono tutti nel giardino di casa, decorato con palloncini colorati e ghirlande, e presto il bel giardino verde di erba fresca, si riempì di risate e giochi.

Era un po' nuvoloso ma comunque una calda giornata di fine estate, e dopo una partita a nascondino, il papà di Thomas propose un gioco d'acqua. Fu un successo immediato: palloncini pieni d'acqua volavano ovunque, mentre i ragazzi correvano e ridevano, schizzandosi a vicenda. Ester, che adorava giocare con loro, finì completamente fradicia, ma il suo sorriso era luminoso quanto il sole.

Tra un gioco e l'altro, Thomas notò che c'era un certo fermento tra i suoi amici. Si scambiavano sguardi e sorrisini complici, come se stessero nascondendo qualcosa.

«Thomas», iniziò Sebastian, con un tono solenne che contrastava con il suo solito spirito vivace, «abbiamo un regalo speciale per te. Ma prima, devi chiudere gli occhi e fare una promessa.»

Thomas lo guardò incuriosito, mentre gli altri amici si

avvicinavano, asciugandosi dopo il gioco d'acqua. «Che tipo di promessa?»

Sara sorrise, tirando fuori da dietro la schiena una scatola rettangolare, avvolta in una carta colorata con disegni di palloni da calcio. «La promessa di impegnarti al massimo nel calcio, qualunque cosa accada.»

Andrea annuì con convinzione. «Abbiamo visto quanto ti sei impegnato quest'estate. Questo è un piccolo incoraggiamento per continuare a inseguire il tuo sogno.»

Thomas, emozionato e incuriosito, prese la scatola con mani tremanti e la aprì. Dentro, avvolta in una morbida carta, c'era una maglietta da calcio personalizzata con il suo nome e il numero 7 sulla schiena, il suo preferito. Era quello che sognava di indossare da sempre, che rappresentava per lui velocità, talento e determinazione.

Thomas rimase senza parole per un momento, stringendo la maglia tra le mani. Era il tipo di maglietta che aveva sempre sognato, ma non era solo questo a colpirlo. Il gesto dei suoi compagni significava molto di più: rappresentava il loro sostegno, la loro fiducia in lui e nel suo sogno.

«Sì», disse infine, la voce un po' incrinata dall'emozione, «prometto che m'impegnerò al massimo.»

Gli amici lo abbracciarono, uno alla volta, e in quel momento Thomas sentì un'ondata di felicità e determinazione travolgerlo. Quella maglietta non era solo un regalo, era un simbolo del suo impegno nel percorso che stava per intraprendere.

Dopo l'emozione della promessa, tutti si riunirono intorno al tavolo del giardino, dove una grande torta al cioccolato, decorata con la forma di un pallone da calcio e la candelina numero 10 al centro, li aspettava. Thomas la guardò con occhi spalancati, felice come non mai. Mentre soffiava sulla fiammella, espresse un desiderio: il calcio non sarebbe più stato solo un gioco, ma una vera e propria avventura.

La sera, dopo che tutti gli amici erano tornati a casa e il giardino di nuovo tranquillo, Thomas si sedette sul bordo del muretto, osservando la maglietta che aveva piegato con cura. C'era una nuova luce nei suoi occhi, una consapevolezza che, a dieci anni, la sua vita stava prendendo una direzione precisa.

Dopo essersi messo a letto, la porta della sua stanza si aprì leggermente, ed Ester fece capolino. «Posso entrare?» chiese, già avvicinandosi al letto.

«E va bene», rispose Thomas, facendole spazio.

Ester si sedette accanto a lui e osservò la maglietta. «Sei contento del tuo regalo?»

Thomas annuì. «Molto. È il miglior regalo che potessi ricevere. Ma... è anche una grande responsabilità.»

Ester lo guardò con i suoi grandi occhi curiosi.

«Cosa intendi?» Thomas sospirò, cercando di trovare le parole giuste. «Promettere di dedicarmi al calcio significa che devo davvero impegnarmi e non solo in questo. Anche lo studio è fondamentale per andare avanti. Questo sarà l'ultimo anno alle elementari, e voglio che sia speciale. Riesci a capire che cosa

intendo?»

Ester lo guardò inarcando un po' la piccola testolina, poi annuì, come se comprendesse la profondità di quelle parole, nonostante la sua giovane età. «Io so che ce la farai, Thomas. Sei il mio eroe. E anche se sarà difficile, io sarò sempre qui a tifare per te.»

Thomas sorrise, sentendo di nuovo quel calore familiare nel cuore. Ester lo abbracciò forte, e per un momento rimasero così, in silenzio, fratello e sorella, consapevoli che quel compleanno segnava l'inizio di una nuova fase.

Quella notte, Thomas sognò di correre su un grande campo da calcio, in una terra sconosciuta, con il numero 7 sulla schiena e il suono delle risate dei suoi amici che lo accompagnavano in una corsa verso una porta, che però non arrivava mai. Erano le sue paure a riaffiorare durante la notte, mentre il suo inconscio gliele mostrava. Non era però il solito campo da calcio sconnesso, era qualcosa di diverso, un luogo che credeva di non avere mai visto. Quando la mattina successiva Thomas si svegliò, il cuore gli batteva forte, come se quel sogno, inizialmente meraviglioso, si fosse trasformato in qualcosa di pauroso. Cercò di spiegare a sua sorella quello che aveva visto, ma i suoi ricordi erano confusi e la spiegazione che ne venne fuori, fu molto vaga, tanto che Ester non riuscì a capirci quasi nulla.

«Era così reale Ester! All'inizio mi sentivo libero e felice, tutti facevano il tifo per me. Dopo un po' che correvo, la porta

sembrava allontanarsi e diventava sempre più piccola, impossibile da centrare. Era come se qualcuno volesse impedirmi di tirare e vincere!»

Ester continuava a non capire un discorso che per lei era troppo complicato, e quello che gli disse fu qualcosa cosa che lo fece sorridere:

«Nessun cattivo può fare del male a mio fratello! Proteggerò io il tuo sogno d'ora in poi!»

Thomas inarcò il labbro in un leggero sorriso, la prese per mano e insieme scesero a fare colazione.

CAPITOLO 4: IL BAULE NELLA SOFFITTA

Erano gli l'ultimi giorni di vacanza, e il tempo sembrava scorrere più lentamente del solito. Dopo il compleanno di Thomas, la banda di amici si era riunita ancora una volta nella sua casa, alla ricerca di qualcosa di diverso da fare. Dopo settimane passate a giocare a calcio nel parco e nei campetti del quartiere, la voglia di scoprire nuove avventure li aveva portati a cercare una sfida diversa. Mentre pensavano a quale gioco inventare, uno strano suono, simile a un gruppo di sonagli che si muovevano scossi dal vento, attirò l'attenzione di Thomas.

«Lo sentite anche voi?»

Gli altri, dopo essersi messi in ascolto annuirono, e con un cenno d'intesa, si precipitarono verso la scala che portava alla soffitta. L'accesso era nascosto in un angolo del corridoio, dietro una porta di legno che scricchiolava leggermente quando veniva aperta. Posizionatisi sotto la scala anch'essa in legno, il suono si fece più intenso, e così i bambini, presero la loro decisione di andare a guardare.

Thomas salì, seguito da Andrea, Sebastian e Sara, tutti entusiasti e un po' timorosi di cosa avrebbero potuto trovare lì sopra. La soffitta era buia e polverosa, con l'unica fonte di luce proveniente da un piccolo abbaino coperto di ragnatele. Un odore di vecchio legno e carta ingiallita permeava l'aria,

mentre scatole, vecchi mobili e oggetti dimenticati erano sparsi ovunque.

«Ecco qui» disse Thomas, accendendo la torcia posizionata all'ingresso, dato che lì non c'era luce, «guardiamo un po' cosa c'è.»

Mentre esploravano, ogni oggetto sembrava raccontare una storia. C'erano vecchi giocattoli di legno, abiti fuori moda e libri ingialliti pieni di immagini sbiadite. Ma ciò che catturò veramente la loro attenzione fu un baule grande e robusto, nascosto in un angolo basso della soffitta e da cui proveniva quello strano tintinnio. Era coperto da una spessa coperta di polvere, come se fosse rimasto lì, dimenticato, per decenni. I bambini si avvicinarono piegandosi sulle ginocchia a causa del tetto basso e insieme tirarono la cassa al centro della stanza.

«Chissà cosa c'è dentro» disse Sebastian, con la voce piena di curiosità.

Con un po' di fatica, riuscirono ad aprire il baule. L'interno era riempito di vecchi oggetti: fotografie in bianco e nero, lettere ingiallite e una serie di oggetti sportivi che sembravano appartenere a un'epoca passata. Ma ciò che li interessò maggiormente fu un vecchio pallone da calcio, logoro ma ancora riconoscibile.

«Guardate!» esclamò Sara, prendendo il pallone tra le mani. «Sembra davvero antico.»

Quando Sara lo prese in mano, il suono si fermò; si resero conto che era il pallone a emanarlo. Era fatto di cuoio spesso,

con le cuciture consumate dal tempo e dall'uso. Aveva una patina di polvere che testimoniava i molti anni trascorsi chiuso nel baule. Ma nonostante l'età, c'era qualcosa di speciale, qualcosa che lo rendeva diverso dai normali oggetti vecchi e dimenticati.

«Scommetto che ha visto molte partite» disse Thomas, osservandolo con un misto di ammirazione e rispetto. «Chissà chi ci ha giocato.»

Mentre gli amici passavano il pallone tra loro, ognuno cercava di immaginare la storia dietro quell'oggetto.

«Forse è appartenuto a un campione del passato che lo ha lasciato qui per custodirlo come il suo tesoro più prezioso» azzardò Sara.

«Magari è stato usato in una partita importante e ha fatto vincere i campionati del mondo al suo proprietario» fantasticò Andrea, prendendo il pallone dalle mani della sua amica.

«O semplicemente è stato il compagno di gioco di qualche bambino che, come noi, amava il calcio!» aggiunse Sebastian.

«Potremmo provare a giocarci!» propose Thomas, con un sorriso. «Magari ci porterà fortuna.»

L'idea piacque a tutti. Decisero di scendere nel giardino e provarlo, nonostante le condizioni del pallone non fossero delle migliori. Quando lo misero a terra e iniziarono a palleggiare, però, qualcosa di sorprendente accadde: il pallone, pur vecchio e logoro, sembrava rispondere ai loro tocchi in modo quasi magico. Ogni passaggio era fluido, ogni tiro preciso. Era

come se quel vecchio pallone fosse animato da un'energia speciale, di quelle che risvegliava in loro una passione ancora più forte per il gioco.

«È incredibile!» esclamò Sara, mentre riusciva a fare tre palleggi di fila, cosa che non le era mai riuscita prima. «Sembra che questo pallone abbia qualcosa di magico!»

Thomas era d'accordo. Sentiva che quel pallone rappresentava molto di più di un semplice oggetto sportivo. Era un legame con il passato, una connessione con tutti coloro che avevano amato e giocato a calcio prima di loro. E in quel momento, capì che il calcio era davvero parte della sua vita, del suo essere.

Dopo un pomeriggio passato a giocare con il vecchio pallone, il sole iniziò a calare e i ragazzi si ritrovarono a sedersi sull'erba del giardino, stanchi ma felici. Il pallone era tra loro, ancora sporco di terra e polvere, ma ormai diventato un simbolo del loro legame e della loro passione comune.

«Sapete,» disse Thomas, rompendo il silenzio, «penso che questo pallone ci ricordi quanto il calcio sia importante per noi. Non importa quanto è vecchio o logoro, l'importante è che ci fa sentire vivi e uniti.»

Gli altri annuirono, consapevoli che quelle parole esprimevano qualcosa di profondo. Avevano trovato un tesoro, ma non era il pallone in sé, bensì ciò che rappresentava: la passione per il calcio, l'amicizia e il desiderio di migliorarsi sempre.

Mentre la sera avanzava e le prime stelle iniziavano a brillare nel cielo, Thomas si ritrovò a pensare a tutte le avventure che avevano vissuto insieme e a tutte quelle che ancora li aspettavano. E mentre fissava il vecchio pallone, con il numero 7 della sua nuova maglia ben impresso nella mente, sapeva che quella sarebbe stata solo la prima di tante scoperte, in un viaggio che li avrebbe portati sempre più lontano, sempre più vicini ai loro sogni.

Il baule della soffitta aveva svelato un segreto, che ora apparteneva a loro, e con esso una promessa silenziosa: il calcio non sarebbe mai stato solo un gioco, ma una parte fondamentale delle loro vite, da proteggere e coltivare, come quel vecchio pallone, capace di portare fortuna e ispirazione a chiunque fosse disposto a crederci davvero.

CAPITOLO 5: IL PALLONE MAGICO

L'inizio della scuola aveva riportato Thomas, Andrea, Sara e Sebastian alla routine quotidiana delle lezioni e dei compiti. Ora che frequentavano la quinta elementare, i pomeriggi erano più riservati allo studio che al gioco. Nonostante il livello maggiore d'impegno, i quattro bambini trovavano sempre un po' di tempo per dedicarsi ai loro hobby, e il loro divertimento principale era diventato quel vecchio pallone trovato nella soffitta.

Ester, la sorellina di Thomas, che a breve avrebbe compiuto sei anni, aveva iniziato la prima elementare e quindi la mattina stava con la sua classe, ritrovando Thomas e i compagni durante la ricreazione. Ogni pomeriggio però, appena finiva i compiti, si univa entusiasta ai giochi del gruppo di suo fratello. Anche se era più piccola, Ester era sempre ben accolta dagli altri, che la proteggevano e poco alla volta, le insegnavano a giocare.

Quel venerdì pomeriggio, dopo aver svolto i compiti in fretta, Thomas radunò tutti in giardino.

«Oggi dobbiamo capire di più su questo pallone,» disse, tenendolo tra le mani. Indossava la sua maglia preferita, quella con il numero 7, che ormai considerava un portafortuna.

«È strano, vero?» disse Sara, facendo rimbalzare la palla con il piede. «Quando dribblo con questo pallone, mi sembra di poter fare qualsiasi cosa.»

«Guardate come Sara riesce a dribblare,» disse Thomas, indicando lei che eseguiva un paio di movimenti agili e veloci, facendo sembrare il pallone parte di lei.

Ester guardava con ammirazione, battendo le mani ogni volta che Sara completava un nuovo movimento. «Anch'io voglio provare!» esclamò la piccola, saltellando eccitata.

Sebastian sorrise e passò il pallone a Ester. «Vai, prova!»

Ester cercò di imitare Sara, ma essendo più piccola, il pallone sembrava un po' troppo grande per lei. Tuttavia, con uno sforzo, riuscì a farlo palleggiare con un calcio maldestro, ma il pallone sembrò muoversi in modo atipico, quasi come se si adattasse ai piedi della piccola. Tutti rimasero sorpresi quando Ester riuscì a dribblare, anche se in modo goffo.

«Bravissima, Ester!» la incoraggiò Andrea, mentre Thomas annuiva con un sorriso.

Improvvisamente, Sara afferrò il pallone e lo lanciò verso Thomas, che lo prese al volo con il petto, facendolo ricadere ai suoi piedi. «Dobbiamo provare qualcosa di nuovo,» disse Thomas. «Vediamo se questo pallone può fare di più.»

Iniziarono a passarsi la palla, cercando di spingere al massimo le loro capacità. Sara si esibì in una serie di movimenti straordinari, superando con facilità gli altri. Thomas si concentrò sui tiri in porta, cercando di capire se il pallone potesse dargli maggiore precisione e potenza. Sebastian e Andrea cercarono di trovare un modo per sfruttare il pallone nei loro passaggi e nelle azioni di difesa.

Dopo un po', però, Ester cominciò a sentirsi esclusa. Sebbene gli altri facessero di tutto per renderla partecipe, il livello di gioco stava diventando troppo alto per lei. A un certo punto, quando Thomas fece un passaggio un po' troppo forte, colpì Ester in faccia la quale scoppiò a piangere.

«Attenzione, Thomas!» disse Sara, preoccupata precipitandosi dalla bambina. «Ester è ancora piccola, non devi calciare così forte!»

«Non l'ho fatto apposta!» rispose Thomas, cercando di difendersi. «È solo che... questo pallone sembra rispondere ai nostri desideri.»

«Ma devi fare attenzione a Ester,» insistette Andrea anch'esso preoccupato. Tutti cercavano di consolarla e a quel punto anche Thomas corse ad abbracciare la sorellina.

«Ester, scusami,» disse Thomas, cercando di calmarla. «Non volevo colpirti.»

Ester, che già si sentiva un po' messa da parte, non riuscì a trattenere le lacrime. «Non voglio più giocare, siete cattivi!» disse, staccandosi dagli altri.

Sebastian si accostò inginocchiandosi di fronte a lei e le accarezzò la testa. «Non devi piangere. Noi vogliamo che tu giochi con noi. Sei parte del gruppo!»

«Ma non sono brava come voi...» mormorò Ester, singhiozzando.

«Non è vero!» esclamò Sara, chinandosi per guardarla negli occhi. «Sai quanti dribbling mi ci sono voluti per diventare

brava? E tu stai già migliorando tantissimo!»

Andrea, vedendo la scena, disse: «Magari il pallone è magico, ma sei tu a fare la differenza, Ester. Siamo una squadra, e ognuno di noi è importante.»

Ester smise di piangere e abbozzò un piccolo sorriso. «Davvero?»

«Assolutamente,» rispose Thomas, dandole un leggero abbraccio. «E ora torniamo a giocare, ma questa volta concentriamoci su qualcosa che possiamo fare tutti insieme.»

Decisero di giocare a un semplice esercizio di passaggio, cercando di coinvolgere Ester il più possibile. Con il passare del tempo, il pallone sembrava adattarsi al ritmo di gioco di tutti, anche della piccola, e ogni movimento diventava più fluido.

Alla fine del pomeriggio, quando il sole iniziava a scendere, il gruppo si sedette in cerchio sull'erba con il pallone al centro.

«Dobbiamo scoprire di più su questo pallone,» disse Thomas, guardando gli altri con determinazione. «Ma qualunque cosa succeda, lo faremo insieme. Siamo una squadra.»

Gli altri annuirono, consapevoli che quel pallone magico era ormai parte delle loro vite e delle loro avventure. Non sapevano cosa il futuro riservasse loro, ma erano pronti ad affrontarlo, uniti e determinati. Il pallone era solo l'inizio di qualcosa di straordinario, e insieme avrebbero scoperto tutti i segreti che aveva in serbo per loro.

CAPITOLO 6: IL PRIMO VIAGGIO FANTASTICO

Era un normale pomeriggio di sabato, e come sempre, dopo aver finito i compiti, Thomas, Sara, Andrea, Sebastian ed Ester si erano ritrovati nel giardino dietro casa. Il sole splendeva alto nel cielo, e una leggera brezza faceva ondeggiare le foglie degli alberi. Il vecchio pallone che avevano trovato nella soffitta giaceva al centro del giardino, come se aspettasse qualcosa.

«Dobbiamo provare a giocare in un modo diverso oggi» disse Thomas, osservando il pallone con curiosità. «Mi sembra che quest'oggetto voglia dirci qualcosa.»

Sara, che era la più scettica del gruppo, lo guardò di traverso. «È solo un vecchio pallone, Thomas. Anche se ha qualcosa di strano, non può certo parlare.»

«Magari non parla» rispose Andrea, «ma c'è sicuramente qualcosa di prodigioso qui.»

Sebastian annuì. «Lo abbiamo visto tutti. È come se... ci guidasse nella tecnica.»

Ester, che era seduta accanto al fratello, si strinse alla sua maglia con il numero 7 e sussurrò, «Posso giocare anche io, vero?»

Thomas le sorrise e le accarezzò i capelli. «Non lo so, non vorrei che ti facessi male un'altra volta.»

«Oh ti prego Thomas! Non lasciarmi da sola!» piagnucolò lei stringendo il braccio del fratello, che intenerito, acconsentì. «Va

bene piccola, ma dobbiamo fare attenzione...»

Ester saltellò felice sfoggiando un grande sorriso e un tripudio di gioia; amava sentirsi apprezzata da bambini più grandi di lei.

Iniziarono a passarsi il pallone, ognuno cercando di capire se fosse davvero speciale. Dopo qualche minuto di gioco, accadde qualcosa di straordinario. Il pallone, che fino a quel momento si muoveva normalmente, cominciò a brillare di una luce dorata. I bambini si fermarono, sorpresi e un po' spaventati, mentre esso iniziò a levitare leggermente dal suolo.

«Che sta succedendo?» esclamò Sara, cercando di afferrarlo, ma questo si sollevò ancora di più, fuori dalla sua portata.

Improvvisamente, un vortice di luce li avvolse. I bambini si strinsero l'uno all'altro, cercando di non perdersi di vista. La sensazione era strana, come se stessero fluttuando in una bolla luminosa. Ester si aggrappò forte a Thomas, e Sebastian prese la mano di Andrea, cercando di mantenere la calma.

Quando la luce si dissipò, i bambini si ritrovarono in un luogo completamente diverso. Non erano più nel giardino dove erano soliti riunirsi per trascorrere i pomeriggi. Si trovavano in una radura verdeggiante, circondata da alberi altissimi, i cui rami sembravano toccare il cielo. Fiori dai colori vivaci spuntavano ovunque, funghi bioluminescenti irradiavano luce e una leggera nebbia dorata avvolgeva tutto, dando al luogo un aspetto incantato.

«Dove siamo?» chiese Andrea, guardandosi intorno, cercando

di capire cosa fosse appena successo.

Thomas si chinò e raccolse il pallone, che ora giaceva tranquillamente ai suoi piedi, senza più brillare. «Non lo so… ma sembra un posto incantato.»

Ester, ancora stretta a Thomas, guardava tutto con occhi spalancati. «È bellissimo qui!»

«Guarda!» gridò Sara, indicando un sentiero che si snodava tra gli alberi. «Forse dovremmo seguire quella strada.»

Mentre s'incamminavano lungo il sentiero, Andrea scivolò su una radice sporgente e cadde a terra, sbattendo uno stinco. «Ahi!» esclamò, stringendosi la parte dolorante.

Sebastian corse subito da lui, aiutandolo a rialzarsi. «Stai bene?»

«Sì, fa solo un po' male» rispose, cercando di nascondere il dolore. «Posso camminare, non preoccupatevi.»

Thomas prese Andrea sotto il braccio per aiutarlo a camminare. «Non ti preoccupare, non ti lasceremo indietro.»

Nonostante il dolore, Andrea si rifiutò di arrendersi. Con l'aiuto di Thomas e Sebastian, continuò a camminare, deciso a non perdere l'occasione di esplorare quel mondo misterioso.

Il sentiero li condusse a un vasto prato, al centro del quale si trovava una grande fontana di cristallo.
L'acqua che vi sgorgava brillava di mille colori, riflettendo la luce del sole in tutte le direzioni.

«Wow, guardate!» esclamò Sara, correndo verso la fontana. «È incredibile!»

Ester la seguì, ridendo e saltellando. «Posso toccarla?»

«Non so se sia una buona idea» disse Sebastian, un po' preoccupato, ma Ester aveva già messo la mano nell'acqua scintillante.

Appena Ester toccò l'acqua, la fontana emise un suono melodioso, e il pallone che Thomas teneva tra le mani cominciò a brillare di nuovo. Stavolta, però, la luce non era dorata, ma blu come il cielo.

«Dovremmo continuare?» chiese Thomas, guardando gli altri.

«Siamo già qui» rispose Andrea con un sorriso coraggioso, nonostante la gamba dolorante. «Non possiamo fermarci ora.»

Con quella decisione, i bambini si avvicinarono alla fontana, dove una figura di luce apparve davanti a loro. Era alta e luminosa, con ali trasparenti che sembravano fatte di fotoni. Parlò con una voce dolce e rassicurante.

«Benvenuti, giovani avventurieri» disse la figura dall'aspetto giovane e dalla voce femminile. «Avete trovato il pallone magico, e ora il destino vi ha condotti qui, nel mondo magico. Qui, tutto è possibile, e le vostre più grandi avventure hanno inizio.»

I bambini si guardarono l'un l'altro, pieni di emozione e curiosità. «Cosa dobbiamo fare?» chiese Sara.

«La vostra missione è semplice» rispose la figura luminosa. «Esplorate questo mondo, scoprite i suoi segreti e riportate l'equilibrio dove necessario. Ma ricordate, siete una squadra, e solo uniti potrete affrontare le sfide che vi attendono.»

Con quelle parole, la figura svanì, lasciando i bambini soli nella radura, non più spaventati, ma pieni di curiosità. Avevano appena iniziato il loro primo viaggio fantastico, e speravano che quel mondo magico sarebbe stato il teatro di avventure straordinarie.

«E ora?» chiese Sebastian, guardando gli altri.

«Adesso che abbiamo scoperto questo posto» rispose Thomas, stringendo il pallone magico tra le mani, «inizieremo a esplorarlo.»

E così, con il cuore pieno di entusiasmo e la certezza che insieme potevano affrontare qualsiasi cosa, i bambini si incamminarono nel loro primo viaggio, pronti a scoprire cosa quel mondo magico gli avrebbe mostrato.

CAPITOLO 7: LA FORESTA DEI SUSSURRI

Il sentiero che si snodava davanti ai bambini sembrava scomparire lentamente nell'ombra di una foresta fitta e oscura. Gli alberi si alzavano alti, come giganti silenziosi, le loro foglie erano così dense che bloccavano quasi completamente la luce del sole. Una nebbia sottile aleggiava tra i tronchi, rendendo l'atmosfera ancora più inquietante. Ogni passo che i bambini facevano sembrava accompagnato da sussurri indistinti, come se la foresta mormorasse antichi segreti.

«Non mi piace questo posto,» disse Ester, stringendosi alla mano di Thomas. I suoi occhi erano spalancati per la paura, ma c'era anche un pizzico di curiosità in lei, come se una parte di sé volesse scoprire di più.

«Nemmeno a me,» ammise Sara, che di solito era la più coraggiosa del gruppo. Anche lei sembrava incerta. «Ma non possiamo tornare indietro. Dobbiamo scoprire cosa c'è oltre questa foresta.»

Sebastian annuì, cercando di sembrare tranquillo, ma la sua mano tremava leggermente mentre stringeva il pallone magico. Andrea, con la tibia ancora dolorante, avanzava con passo lento ma deciso. «Dobbiamo restare uniti,» disse, con la sua voce ferma. «Siamo una squadra.»

La foresta sembrava viva. I rami degli alberi si muovevano appena, come se stessero osservando ogni loro mossa. I

sussurri si facevano più forti man mano che i bambini si addentravano, e a tratti pareva quasi di distinguere parole: «Chi va là?», «Non avvicinatevi...», «Siete pronti?»

Improvvisamente, un fruscio si fece sentire alle loro spalle. Tutti si fermarono di colpo, trattenendo il respiro. Un'ombra scura si mosse velocemente tra gli alberi, sfuggente e silenziosa come il vento.

«Cosa... cosa era quello?» balbettò Sebastian, cercando di mantenere la calma.

«Non lo so,» rispose Thomas, cercando di proteggere Ester. «Ma non dobbiamo avere paura. Ricordate cosa ci ha detto la figura alla fontana: dobbiamo rimanere uniti.»

I sussurri si fecero ancora più intensi, come se la foresta stessa, stesse cercando di comunicare con loro. Ma il suono non era minaccioso; c'era un tono quasi supplichevole, come se volesse chiedendo aiuto.

All'improvviso, un'altra figura emerse dalla nebbia davanti a loro. Era piccola, con l'aspetto di un gufo e coperta da un mantello di foglie e ramoscelli, con occhi grandi e luminosi che risplendevano di un giallo intenso. La creatura sembrava parte della foresta stessa, eppure aveva un'aura di saggezza e gentilezza.

«Chi siete?» chiese la creatura con una voce che sembrava provenire direttamente dalla terra. «E perché avete portato il pallone magico nella Foresta dei Sussurri?»

Thomas fece un passo avanti, tenendo ancora Ester vicino a

sé. «Siamo Thomas e i miei amici. Abbiamo trovato il pallone magico e siamo stati trasportati in questo mondo. Non sappiamo esattamente cosa dobbiamo fare, ma ci è stato detto che dobbiamo esplorare e aiutare dove possiamo.»

La creatura li osservò per un momento, poi annuì lentamente. «Sono il Custode della Foresta. Questa è una terra di segreti e ombre, ma non sempre è stato così. Una volta, la Foresta dei Sussurri era un luogo di pace e armonia. Ma ora è dominata dalla paura e dall'oscurità, a causa di un'antica maledizione.»

«Maledizione?» chiese Sara, avvicinandosi con cautela. «Che tipo di maledizione?»

«Una maledizione gettata da una potente creatura fatta di tenebre molti anni fa,» rispose il Gufo custode. «Ha imprigionato la luce e la gioia della foresta in una gemma, nascosta nel cuore dell'oscurità. Da allora, la foresta è diventata un luogo di paura, e i sussurri che sentite non sono altro che le voci degli spiriti intrappolati, che cercano aiuto.»

«Ma perché ci stai raccontando tutto questo?» domandò Andrea, sospettoso. «Cosa possiamo fare noi?»

«Perché voi portate con voi il pallone magico,» disse il Custode, i suoi occhi gialli spalancati. «Il pallone è l'unico oggetto che può spezzare la maledizione e liberare la foresta. Ma avrete bisogno di forza, coraggio e soprattutto della vostra amicizia per riuscirci.»

«Come possiamo fidarci di te?» domandò Sebastian, incerto. «E se fosse un inganno?»

Il Custode sospirò, e per un momento sembrò quasi più vecchio, stanco. «Capisco i vostri dubbi, miei cari cuccioli umani. Ma non vi chiedo di fidarvi ciecamente. Vi guiderò attraverso la foresta fino al luogo dove è nascosta la gemma. Sarà una strada piena di pericoli, ma sono certo che insieme potete riuscirci.»

I bambini si scambiarono uno sguardo. Ester era silenziosa, ma i suoi occhi grandi erano pieni di speranza. Thomas prese una decisione. «Andiamo,» disse con determinazione. «Se possiamo aiutare questa foresta, dobbiamo provarci.»

Il Custode annuì con gratitudine e li condusse più a fondo nella foresta. Man mano che avanzavano, i sussurri diventavano più forti e distinti, come se gli spiriti intrappolati sapessero che il loro destino stava per cambiare. Gli alberi sembravano farsi più fitti, le ombre più scure, e i bambini iniziarono a sentire occhi invisibili che li osservavano da ogni direzione.

Ad un certo punto, un gruppo di creature emerse dai cespugli. Erano piccole, con corpi agili e occhi scintillanti, ma il loro aspetto era minaccioso. Avevano artigli affilati e denti aguzzi, e si muovevano in cerchio intorno ai bambini, sibilando e mostrando le zanne.

«Ecco il nostro primo ostacolo,» disse il Custode, preparandosi a difendere i bambini. «Sono i Guardiani dell'Oscurità, creati dalla maledizione per proteggere la gemma. Non possiamo combatterli con la forza; dobbiamo usare l'ingegno.»

Sara, che era sempre stata la più abile nelle strategie, si fece avanti. «Forse posso distrarli,» propose, afferrando il pallone. «Se riesco a far seguire loro il pallone, potremmo aprirci un varco.»

«È rischioso,» disse Thomas, preoccupato. «Ma potrebbe funzionare.»

Sara non esitò. Con un tocco abile, iniziò a dribblare il pallone tra i Guardiani. Le creature, attratte dalla luce che emanava, iniziarono a inseguirlo, cercando di afferrarlo con i loro artigli. Ma Sara era troppo veloce, e schivava ogni attacco con una grazia incredibile. Thomas e gli altri colsero l'occasione e seguirono il Custode, mentre Sara era impegnata ad attirare i Guardiani lontano dal gruppo.

Quando finalmente riuscirono a seminare le creature, Sara tornò dai suoi amici, ansimante ma sorridente. «Ci sono riuscita,» disse trionfante.

«Sei stata incredibile!» esclamò Sebastian, sollevato.

«Grazie,» rispose Sara, arrossendo leggermente. «Ma dobbiamo continuare. Il peggio non è ancora passato.»

Il Custode li condusse fino a un grande albero, il più antico e maestoso che avessero mai visto. Le radici dell'albero formavano una sorta di scala che conduceva a una cavità oscura al suo interno. «La gemma è lì dentro,» disse il Custode. «Ma c'è ancora un ultimo ostacolo da affrontare.»

I bambini si avvicinarono con cautela. La cavità nell'albero era buia, e un freddo intenso emanava da essa. Thomas fece un

respiro profondo e si preparò a entrare, ma proprio in quel momento Ester si mise davanti a lui.

«Voglio aiutare anche io,» disse con determinazione, stringendo la mano del fratello.

Thomas la guardò con orgoglio. «Va bene, Ester. Andiamo insieme.»

Con Ester al suo fianco e i suoi amici dietro di lui, Thomas entrò nella cavità. L'interno era avvolto dall'oscurità, ma in fondo alla grotta una luce fioca illuminava una gemma pulsante, incastonata in una roccia. La gemma era la fonte di tutto il male che affliggeva la foresta, ma era anche la chiave per la sua salvezza.

«Non dobbiamo toccarla direttamente,» avvertì il Custode. «Dobbiamo usare il pallone magico per assorbire la maledizione.»

Thomas sollevò il pallone, che iniziò a brillare intensamente. Con cautela, lo avvicinò alla gemma. Quando le due luci si incontrarono, un'esplosione di energia avvolse la caverna, e la gemma si frantumò in mille pezzi, liberando una luce pura e brillante.

Il freddo scomparve all'istante, sostituito da un calore accogliente. I sussurri nella foresta si trasformarono in canti di gioia, e gli alberi stessi sembrarono respirare di sollievo. I Guardiani dell'Oscurità si dissolsero nel nulla, e la foresta tornò ad essere il luogo pacifico e armonioso che un tempo era stato.

Il Custode, ora visibilmente più sereno, si inchinò davanti

ai bambini. «Avete compiuto un grande atto di coraggio e amicizia. La Foresta dei Sussurri è finalmente libera, grazie a voi.»

I bambini si scambiarono sorrisi stanchi ma felici. Avevano affrontato paure, superato ostacoli e, soprattutto, avevano imparato che insieme potevano superare qualsiasi sfida.

«Questo è solo l'inizio della vostra avventura,» disse il Custode con un sorriso enigmatico. «Molti altri luoghi in questo mondo hanno bisogno del vostro aiuto. Siete pronti per continuare?»

Thomas guardò i suoi amici, e vide nei loro occhi la stessa determinazione che sentiva dentro di sé.

«Sì,» rispose, stringendo il pallone magico. «Siamo pronti.»

Con quella risposta, i bambini sapevano che, qualunque cosa il loro viaggio li riservasse, l'avrebbero affrontata insieme, come una vera squadra.

CAPITOLO 8: IL VILLAGGIO SENZA GIOIA

Dopo aver liberato la Foresta dei Sussurri, Thomas e i suoi amici continuarono il loro viaggio attraverso il mondo magico. Camminarono per ore, seguendo il sentiero che si apriva tra gli alberi rigogliosi e ora illuminati dal sole. La foresta sembrava ringraziarli a ogni passo, con i rami che si inclinavano leggermente verso di loro e gli uccelli che cinguettavano melodie gioiose.

Il gruppo uscì dalla foresta e si trovò davanti a un vasto prato che si estendeva fino all'orizzonte. Tuttavia, proprio in fondo alla distesa, intravidero qualcosa che catturò immediatamente la loro attenzione: un villaggio circondato da una strana aura di tristezza. Nonostante il sole splendente e l'erba verde che lo circondava, il piccolo paese sembrava immerso in un'ombra grigia e opprimente. Le case erano vecchie e malmesse, e non si vedeva nessuno per strada.

«Che cos'è questo posto?» chiese Sara, avanzando con cautela.

«Non lo so,» rispose Thomas, «ma dobbiamo scoprirlo. Potrebbe avere a che fare con la missione che dobbiamo compiere.»

Ester, con la sua solita curiosità, strinse la mano di suo fratello. «Sembra così triste, Tommy. Possiamo fare qualcosa per aiutare?»

«Lo scopriremo presto,» intervenne Andrea, cercando di mantenere il gruppo concentrato.

Mentre si avvicinavano al villaggio, il silenzio che li avvolgeva diventava sempre più inquietante. Le finestre delle case erano chiuse e sporche, e il vento faceva oscillare le insegne di legno dei negozi abbandonati, creando un suono sinistro. In quel luogo sembrava che il tempo si fosse fermato.

Appena giunsero al centro del villaggio, i bambini notarono che anche gli abitanti sembravano spenti e privi di vita. La gente del villaggio camminava lentamente, con gli occhi bassi e le spalle curve. Nessuno parlava o sorrideva. Era come se la gioia fosse stata letteralmente risucchiata via.

Sebastian si avvicinò a una donna anziana che stava spazzando la strada, anche se la sua scopa sembrava muoversi senza forza. «Scusate, signora,» disse con gentilezza, «ci può dire cosa è successo qui?»

La donna sollevò appena lo sguardo, ma i suoi occhi erano vuoti e senza speranza. «È stato così per molto tempo,» rispose con voce monotona. «Da quando la vecchia torre sulla collina è stata presa dall'Ombra.»

«Quale ombra?» chiese Thomas, accostandosi a Sebastian, con Ester che gli cingeva i fianchi.

«La Torre della Gioia una volta era il cuore del nostro villaggio,» continuò la donna, «ma un giorno l'Ombra è arrivata e ha avvolto la torre. Da allora, nessuno ha più sorriso, nessuno ha più provato felicità. È come se ci fosse stata rubata, e non

sappiamo come riprendercela.»

I bambini si scambiarono sguardi preoccupati e pensanti. Pensarono che l'Ombra potesse essere la stessa creatura di cui gli aveva parlato il gufo, e che avevano già affrontato nella foresta dei sussurri.

«Dobbiamo andare alla torre,» disse Sara con decisione. «Se quella è la fonte di tutta questa tristezza, dobbiamo fare qualcosa.»

«Ma come faremo?» chiese Andrea, pensieroso. «Non conosciamo ancora bene questo nemico.»

«Abbiamo il pallone magico,» intervenne Thomas, stringendolo in mano. «Ci ha aiutato nella foresta, e forse lo farà anche qui.»

Ester annuì vigorosamente. «Io ho paura, però non voglio che queste persone siano così tristi.»

Il gruppo si diresse quindi verso la collina su cui si ergeva la Torre della Gioia. Man mano che salivano, l'aria sembrava farsi più pesante, e un senso di oppressione iniziava a calare su di loro. La torre, alta e imponente, era avvolta da un'ombra tetra e densa che sembrava pulsare di energia negativa.

Quando raggiunsero la base della torre, furono accolti da una figura inquietante ma dall'aspetto vagamente umano, con il volto nascosto sotto un cappuccio nero, alta e sottile, che sembrava fatta di pura oscurità. I suoi occhi brillavano di una luce rossa minacciosa, e un sorriso maligno si disegnò sul suo volto. L'ombra questa volta si fece vedere nella sua interezza, avvolta nel suo mantello con i lembi strappati.

«Ancora voi? Siete venuti per cercare di riportare la gioia in questo villaggio?» chiese l'Ombra con voce gelida. «Siete solo dei bambini. Non avete ancora idea del potere che possiedo.»

«Non importa quanto sei potente,» ribatté Thomas, cercando di non farsi intimidire. «Non possiamo lasciarti continuare a far soffrire queste persone.»

L'Ombra ridacchiò, un suono che fece gelare il sangue nelle vene dei bambini. «Provate a fermarmi, allora,» disse, estendendo le braccia. «Ma sappiate che nessuno è mai riuscito a sconfiggermi del tutto.»

Senza esitare, Sara lanciò il pallone verso Thomas, che lo prese al volo e lo calciò con forza verso l'Ombra. Ma al contatto, l'ombra lo risucchiò in un vortice nero, facendolo scomparire.

«No!» gridò Ester, terrorizzata, temendo di aver perso il pallone magico al quale si era affezionata.

«Non temete,» li rassicurò una voce familiare, mentre il pallone riemergeva dalla spirale oscura, avvolto in una luce intensa che contrastava l'oscurità dell'Ombra. «La vera forza non sta nella lotta, ma nella luce e nella speranza che portiamo nei nostri cuori.»

Era la voce del gufo guardiano e Thomas capì immediatamente. «Dobbiamo credere in noi stessi e nella nostra missione. È così che possiamo sconfiggere l'Ombra!»

Il pallone si illuminò sempre di più, e anche i bambini sentirono una forza nuova crescere dentro di loro e videro i loro corpi più energici e le loro anime più salde. Iniziarono a

giocare insieme, passando il pallone e mantenendo vivo lo spirito di squadra. Ogni tocco, ogni passaggio, diede vita a una partita che fece risplendere il pallone di una luce sempre più intensa, che iniziò a scalfire l'oscurità dell'Ombra.

Essa si agitò, cercando di attaccarli con ondate di buio e tristezza, ma i bambini rimasero uniti, proteggendosi a vicenda. Sara dribblava abilmente, confondendo l'Ombra, mentre Andrea e Sebastian la supportavano, facendole spazio a destra e a sinistra. Thomas prese l'iniziativa finale, calciando il pallone con tutta la forza del suo cuore.

Il pallone esplose in una luce abbagliante, che avvolse completamente l'Ombra. La creatura emise un urlo acuto mentre veniva dissolta dalla luce, fino a scomparire del tutto.

Quando la luce si affievolì, la torre era di nuovo visibile, libera dall'oscurità. Un'ondata di energia positiva si diffuse dal suo interno, scendendo verso il villaggio sottostante. Le case si ravvivarono, i colori tornarono a splendere e gli abitanti, che si erano radunati timidamente per assistere alla scena, iniziarono a gioire e ridere di nuovo.

«Evviva!» gridò Ester, saltando in braccio al fratello.

«Siamo riusciti a spezzare la maledizione,» disse Sara, guardando con orgoglio il pallone che ora riposava tranquillamente ai piedi di Thomas.

Gli abitanti del villaggio si avvicinarono, ringraziando i bambini con lacrime di gratitudine negli occhi. La donna anziana che avevano incontrato prima, esultando si avvicinò a Thomas,

tenendogli le mani. «Avete riportato la gioia nel nostro villaggio,» disse con voce grata. «Non dimenticheremo mai ciò che avete fatto per noi.»

«Non c'è bisogno di ringraziarci,» rispose Thomas modestamente. «Abbiamo fatto solo quello che era giusto.»

Ma il Custode della Foresta, che li aveva seguiti silenziosamente e consigliati quando il pallone sembrava essere perduto, intervenne. «Quello che avete fatto oggi,» proclamò, «è molto più di un semplice atto di coraggio. Avete imparato che la vera forza risiede nel cuore, nella luce che portate dentro di voi, e nel potere dell'amicizia.»

Mentre il sole tramontava sul villaggio, i bambini sapevano che il loro viaggio era ancora lontano dalla conclusione. Ma per ora, potevano godersi la gioia di aver riportato la felicità in un luogo che l'aveva perduta.

«E adesso?» chiese Sebastian, mentre si preparavano a ripartire dopo essere stati rifocillati di acqua e cibo come gesto di gratitudine degli abitanti.

«Adesso,» rispose Thomas, guardando il pallone magico, «andiamo a vedere quale altra avventura ci aspetta.»

E così, con i cuori pieni di speranza e il pallone magico come loro guida, i bambini continuarono il loro cammino, pronti ad affrontare qualsiasi sfida il loro viaggio avrebbe riservato loro.

CAPITOLO 9: RITORNO ALLA REALTÀ

Dopo aver riportato la gioia nel Villaggio Senza Gioia, Thomas e i suoi amici si ritrovarono nel campo aperto, vicino alla foresta. Il sole stava tramontando, dipingendo il cielo di sfumature calde. Una brezza leggera accarezzava i loro volti, e il pallone magico, ormai placato, giaceva tranquillo a terra, come se sapesse che il tempo delle avventure, per quel giorno, fosse finito.

«E adesso?» chiese Ester, stringendo la mano di Thomas. «Dobbiamo tornare a casa?»

«Sì, dobbiamo,» rispose Thomas, guardando i suoi amici. «Domani c'è scuola, e mamma si preoccuperà se non torniamo per cena.»

Sebastian guardò il pallone con malinconia. «Mi piacerebbe restare qui per sempre, a vivere queste avventure. È tutto così... incredibile.»

«È vero,» aggiunse Sara, «ma dobbiamo tornare alla nostra vita normale. I nostri genitori non capirebbero.»

Andrea annuì. «Non possiamo lasciare tutto. Dobbiamo trovare un modo per fare entrambe le cose.»

Thomas, che da sempre aveva una mente acuta per la matematica, iniziò a riflettere. Mentre camminavano verso casa, la sua mente lavorava su un problema più complesso di qualsiasi operazione scolastica: come bilanciare le avventure nel mondo magico con la loro vita quotidiana, senza trascurare nulla.

Quando arrivarono al centro del paese, furono accolti dai suoni familiari del quartiere. Il ronzio delle cicale, il profumo dell'erba tagliata, e il rumore delle posate proveniente dalle cucine dei vicini riportarono i bambini alla realtà. Il pallone magico, ormai privo di qualunque scintillio, sembrava solo un normale oggetto da gioco.

«Thomas, Ester, venite dentro! È ora di cena!» chiamò la mamma dalla porta di casa.

«Riso stasera,» mormorò Ester con un sorriso. «Ma non possiamo raccontare alla mamma cosa abbiamo fatto, vero?»

Thomas scosse la testa. «No, non capirebbe. E poi… chi ci crederebbe? È meglio tenere queste cose per noi.»

Dopo aver salutato i suoi amici, Thomas entrò in casa con Ester. Durante la cena, mentre sua madre raccontava la sua giornata e suo padre sfogliava il giornale, Thomas continuava a riflettere. Era bravo in matematica, e sapeva che ogni problema aveva una soluzione, se affrontato nel modo giusto.

Dopo cena, mentre Ester si preparava per andare a letto, Thomas si ritirò nella sua stanza. Si sedette alla scrivania e aprì il quaderno di matematica. Iniziò a scrivere formule e schemi, come faceva ogni volta che doveva risolvere un problema complesso. Ma questa volta non stava affrontando un normale problema di matematica; stava cercando di capire come organizzare il loro tempo per poter continuare a vivere le

avventure nel mondo magico senza trascurare la scuola e la famiglia. Iniziò a stilare una lista per una strategia efficace.

1. Stabilire una Routine: Prima di tutto, dovevano assicurarsi di avere tutto il tempo necessario per studiare e fare i compiti. Solo dopo avrebbero potuto dedicarsi al mondo magico.

2. Comunicare e Coordinarsi: Ogni avventura doveva essere pianificata. Avrebbero discusso i loro piani durante la ricreazione a scuola, così da non perdere tempo prezioso nel pomeriggio.

3. Sfruttare il Tempo Libero: I fine settimana sarebbero stati il momento ideale per le avventure più lunghe e impegnative, lasciando i giorni feriali per missioni più brevi.

4. Piano d'emergenza: Dovevano essere pronti per l'inaspettato. Se qualcosa nel mondo magico richiedeva la loro presenza urgente, avrebbero stabilito una modalità segreta per comunicare tra loro, senza farsi notare dagli adulti.

Thomas sorrise soddisfatto guardando il suo quaderno. Aveva studiato una sorta strategica per conciliare le due vite. Sapeva che sarebbe stato difficile, ma era convinto che con un po' di organizzazione ce l'avrebbero fatta.

La mattina seguente, Thomas si svegliò con i primi raggi di

sole che filtravano attraverso le tende. Guardò il pallone ai piedi del letto e sorrise, sapendo che ogni avventura era ora sotto controllo. Durante la colazione, la mamma lo lodò per la sua puntualità e organizzazione. «Mi sembra che tu stia diventando ancora più bravo con la matematica,» disse, ignara del vero motivo del suo impegno.

A scuola, Thomas condivise il suo piano con gli amici durante la ricreazione. «Dobbiamo fare tutto in modo strategico,» disse, mostrando il quaderno. «Se seguiamo questo schema, possiamo continuare le avventure senza problemi.»

Sara, Andrea e Sebastian lo ascoltarono attentamente, affascinati dalla precisione del suo piano. «Mi piace,» si compiacque Sara. «Ma dobbiamo assicurarci di non trascurare niente.»

«Esatto,» rispose Thomas. «E dobbiamo fare in modo che Ester non si senta mai esclusa.»

Durante il pomeriggio, dopo aver terminato i compiti, il gruppo si riunì nel giardino di Thomas. Il pallone magico brillava leggermente, come se approvasse il piano. I bambini sapevano che la loro avventura non era finita, ma che ora avevano gli strumenti per affrontarla nel modo giusto.

Quella sera, mentre il sole tramontava, Thomas si sedette alla scrivania per un'ultima occhiata ai compiti. Sentiva dentro di sé che il futuro avrebbe portato altre sfide, ma sapeva anche che erano pronti. Avevano una strategia, un mondo magico da esplorare, e soprattutto, potevano contare l'uno su l'altro.

E così, mentre il cielo si scuriva e le prime stelle comparivano, Thomas si addormentò con un sorriso sul volto. Sapeva che il ritorno alla realtà non significava la fine delle avventure, ma solo l'inizio di un nuovo capitolo, fatto di magia, amicizia e strategia.

CAPITOLO 10: IL SEGRETO DI ESTER

Il sole si accingeva a lasciare il posto alla luna e il cielo si colorava di sfumature arancioni e rosa, quando Thomas, Sara, Andrea e Sebastian si riunirono nuovamente per discutere della prossima avventura. Il pallone magico, posato al centro del gruppo, sembrava emanare una luce soffusa, come se fosse in attesa di rivelare qualcosa di straordinario.

«Ester, non dovresti essere a letto?» chiese Thomas, lanciando un'occhiata severa alla sorellina.

Ester scosse la testa con decisione. «Voglio restare con voi! Anche io faccio parte del gruppo, giusto?»

Sara sorrise e si chinò per essere alla sua altezza. «Certo che sì, Ester. Sei una di noi.»

Sebastian annuì, ma c'era una nota di preoccupazione nella sua voce. «Sì, però dobbiamo stare attenti. Non vogliamo che ti succeda qualcosa di brutto.»

Ester incrociò le braccia con aria determinata. «So badare a me stessa! E poi… ho un segreto e se mi cacciate non lo saprete mai.»

I quattro amici si scambiarono sguardi incuriositi. Ester era una bambina di quasi sei anni, dolce e vivace, ma nessuno di loro si era mai aspettato che potesse nascondere qualcosa d' importante.

«Un segreto?» si stupì Andrea, avvicinandosi curioso a lei.

«Che tipo di segreto?»

Ester fece un passo indietro, come se stesse valutando se fosse il momento giusto per rivelarlo. Poi, con un sorriso misterioso, si avvicinò al pallone magico e posò delicatamente una mano su di esso. Gli occhi degli altri quattro si allargarono quando videro la luce del pallone intensificarsi sotto il tocco della piccola.

«Quando tocco il pallone, posso sentire le sue parole,» confessò con voce chiara e sicura. «Lui mi parla... e io lo capisco.»

Thomas rimase a bocca aperta. «Ma... come? Noi non abbiamo mai sentito nulla!»

Ester si strinse nelle spalle. «Non lo so. Succede solo quando lo tocco io. Mi racconta delle cose, come, dove andare e cosa fare. Mi avverte se c'è un pericolo o se qualcuno ha bisogno di aiuto.»

Sara si inginocchiò accanto a Ester, guardando il pallone con nuova consapevolezza. «Questo è incredibile. Forse il pallone ti considera speciale. Magari è per questo che ti vuole con noi.»

Sebastian, che faticava a crederci, annuì lentamente. «Probabilmente ha ragione. Abbiamo sempre pensato che il pallone fosse magico, ma non sapevamo quanto fosse legato a qualcuno di noi.»

Thomas guardò Ester con occhi nuovi. Fino a quel momento, aveva sempre cercato di proteggerla, di tenerla al sicuro, pensando che fosse troppo piccola per affrontare le sfide che

incontravano. Ma ora capiva che sua sorella forse aveva un ruolo più importante di quanto avesse mai immaginato.

«Allora dobbiamo ascoltarti,» disse Thomas, con una nuova risolutezza nella voce. «Se il pallone ti parla, significa che sei tu la chiave per capire cosa fare. Siamo tutti nella stessa squadra e tu ne fai parte.»

Ester sorrise radiosa, felice di essere finalmente riconosciuta per il suo contributo. «Va bene! Allora ... il pallone dice che dobbiamo andare verso la foresta, c'è qualcosa che dobbiamo trovare.»

Senza ulteriori domande, quella sera, i bambini si prepararono a seguire le indicazioni di Ester. Il pallone brillava di una luce calda e rassicurante, mentre si dirigevano verso la foresta, con Ester che camminava in testa al gruppo, la mano sempre poggiata sul pallone magico.

Mentre si addentravano tra gli alberi, la luce del pallone schiariva il sentiero davanti a loro, creando un'atmosfera quasi mistica. I bambini si muovevano con fiducia, sapendo che stavano seguendo la guida di qualcuno che aveva un legame speciale con quella magia.

Arrivarono in una radura nascosta, dove un vecchio albero nodoso troneggiava al centro. Le sue radici erano intrecciate e formavano una sorta di portale naturale. Ester si fermò davanti all'albero, ascoltando attentamente.

«È qui,» disse, puntando il dito verso una piccola cavità tra le radici. «C'è qualcosa dentro.»

Thomas si avvicinò con cautela e allungò la mano nella cavità, trovando un oggetto liscio e freddo. Tirò fuori una pietra lucente, che emetteva una lieve luce blu. Appena la pietra fu esposta all'aria, il pallone iniziò a brillare ancora di più.

«Cos'è?» chiese Andrea, con il fiato sospeso.

«È una pietra della memoria,» rispose Ester, come se sapesse esattamente di cosa stesse parlando. «Il pallone dice che ci mostrerà qualcosa di importante. Qualcosa che dobbiamo ricordare.»

Sebastian si avvicinò affascinato dalla pietra. «Forse è una parte della storia del pallone. O forse qualcosa che ci riguarda.»

Sara prese la pietra e la osservò da vicino. «È bellissima. Ma come facciamo a vedere cosa nasconde?»

Ester, con la sua mano ancora sul pallone, sussurrò qualcosa che nessuno riuscì a sentire. La pietra iniziò a vibrare dolcemente, e una serie di immagini si proiettarono nell'aria davanti a loro, come un vecchio film sgranato. I bambini rimasero immobili ad osservare con attenzione.

Le immagini mostravano una squadra di giovani calciatori, tanto tempo fa, che usava lo stesso pallone per vincere una partita decisiva. C'erano dei bambini che somigliavano molto a loro. Ma alla fine del torneo, il pallone, per ragioni sconosciute scomparve e i ragazzi di allora tornarono ad una vita normale. La visione durò pochissimo e i bambini non ebbero il tempo di capire come il pallone fosse finito nella soffitta di Thomas e soprattutto perché avesse scelto proprio loro.

«Questo è il nostro destino,» pensò Ester, con una serietà che superava la sua giovane età. «Dobbiamo continuare quello che loro hanno iniziato.»

Thomas guardò la pietra e poi il pallone. «Allora forse è questo il nostro compito. Dobbiamo usare il pallone per fare del bene e per portare la gioia dove manca. Ester, tu sarai la nostra guida.»

Sara, Andrea e Sebastian annuirono, avvertendo dentro di sé una nuova motivazione. Sapevano che le avventure che li aspettavano sarebbero state più grandi e più impegnative di quanto avessero mai immaginato, ma consapevoli anche che con Ester al loro fianco, e con il pallone magico a guidarli, avrebbero potuto affrontare qualsiasi cosa.

Mentre tornavano verso casa, il pallone riposava silenziosamente sotto il braccio di Ester, come se fosse contento di essere di nuovo con i suoi custodi. Thomas non riusciva a smettere di sorridere, sapendo che la sua sorellina fosse una bimba fantastica.

E così, il gruppo si preparò per la prossima avventura, con una nuova consapevolezza della loro missione. Il segreto di Ester aveva cambiato tutto, e con esso, il futuro del gruppo era ora intrecciato in modo indissolubile con il destino del pallone magico e delle sue antiche memorie.

CAPITOLO 11: PROVA DI CORAGGIO

L'autunno aveva trasformato il bosco in un tappeto di foglie colorate, e il vento soffiava dolcemente tra i rami, creando una sinfonia di fruscii che accompagnava Thomas e i suoi amici lungo il sentiero. L'aria era fresca e pungente, un contrasto con il calore che si diffondeva tra loro, alimentato dalla scoperta dei poteri del pallone magico e del segreto di Ester. Tuttavia, oggi si percepiva una tensione diversa. C'era qualcosa di importante nell'aria, un pensiero che Thomas non riusciva a ignorare.

Mentre avanzavano, il pallone iniziò a brillare di una luce più intensa, come se lo stesse chiamando. Ester, sempre attenta a ogni suo segnale, si fermò e si voltò verso il gruppo, i suoi occhi pieni di serietà.

«Il pallone dice che è arrivato il momento di affrontare la Prova del Coraggio», annunciò. «E Thomas... questa prova è per te.»

Il cuore di Thomas accelerò. Era abituato ad affrontare tutto con il supporto dei suoi amici, a essere la loro guida. Ma questa volta sarebbe stato diverso, qualcosa di personale, che lo avrebbe costretto a confrontarsi con le sue paure più profonde.

«Cosa significa?» chiese, cercando di mantenere la calma, anche se dentro di sé sentiva crescere l'ansia.

Ester guardò il pallone con una sorta di rispetto misto a timore.

«Non lo so esattamente», rispose. «Ma dobbiamo seguirlo. Ci condurrà al luogo dove affronterai la tua prova.»

Gli altri cercarono di rincuorarlo. Sara, sempre coraggiosa e sicura di sé, gli diede una pacca sulla spalla. «Sei forte, Thomas. Ce la farai.»

Andrea sorrise. «E ricorda, siamo qui per te. Non sei mai solo.»

Anche Sebastian cercò di sollevare l'umore con una battuta. «Scommetto che se sarà come una prova di matematica, allora non c'è dubbio su chi vincerà.»

Le parole dei suoi amici riscaldarono il cuore di Thomas, ma non riuscivano a dissipare del tutto l'incertezza. Con un respiro profondo, prese il pallone tra le mani.

«Andiamo», disse infine, con la determinazione di chi sa che non può tirarsi indietro perché tutti gli altri sono lì e ti stanno guardando.

Il gruppo proseguì il cammino, seguendo il bagliore sempre più intenso del pallone. La foresta sembrava farsi più fitta e silenziosa, come se stesse trattenendo il respiro in attesa di ciò che stava per accadere. Alla fine, raggiunsero una radura circondata da alti alberi. Al centro c'era un cerchio di pietre antiche, consunte dal tempo ma ancora maestose.

«È qui», sussurrò Ester. «Il pallone dice che la prova inizia ora.» E gli indicò le pietre col dito.

Thomas sentì un brivido percorrergli la schiena, e l'aria calda, divenne gelida stimolando paura e tensione. Thomas avanzò fino al centro del cerchio. Posò il pallone a terra e subito una

luce accecante lo avvolse, separandolo dai suoi amici. Quando la luce si affievolì, si ritrovò in un luogo diverso, un ambiente che gli era completamente estraneo.

Era una caverna sotterranea, con pareti che emettevano una debole luce. L'atmosfera era densa, quasi opprimente, e Thomas sentiva una presenza intangibile e minacciosa intorno a sé. Il cuore gli batteva forte, ma sapeva che doveva affrontare quello che stava per arrivare.

Una voce profonda, che sembrava provenire dalle viscere della terra, ruppe il silenzio. «Thomas», disse, con un tono che rimbombava nelle pareti della caverna. «Benvenuto alla tua Prova del Coraggio.»

«Chi sei?» chiese Thomas, cercando di individuare l'origine della voce ma senza successo.

«Non importa chi sono», rispose la voce. «Quello che conta è se sei pronto ad affrontare le tue paure. Hai sempre lavorato in gruppo, ma ora è tempo di confrontarti con te stesso. Sei pronto?»

Thomas sentì l'incertezza crescere dentro di sé, ma rispose cercando di farsi coraggio: «Sono pronto.»

All'improvviso, tre figure oscure dalla forma evanescente e indefinita, apparvero davanti a lui. Ognuna di esse rappresentava una delle paure più profonde che Thomas portava dentro, anche se fino a quel momento non le aveva mai affrontate direttamente nel corso della sua vita.

La prima figura avanzò nella sua direzione venendo da

destra. Era avvolta in un'ombra densa e fredda, e parlò con una voce gelida. «Io sono la paura dell'incertezza», tuonò. «Sono il dubbio che ti paralizza quando non sai cosa fare, quando non sei sicuro della strada da prendere. Sono quella voce dentro di te che ti dice che puoi sbagliare, che non sei all'altezza, che non sei bravo in niente».

Thomas sentì il cuore stringersi. Sapeva cosa significava vivere con l'incertezza. La paura di non essere abbastanza bravo, di non riuscire a fare la cosa giusta, era sempre stata lì, in agguato, pronta a bloccarlo. Ma pensò a tutte le volte in cui, nonostante quel dubbio, era andato avanti, supportato dalle persone care, dall'abbraccio di un amico, da una maestra che gli aveva detto che era bravo. Aveva imparato che l'incertezza non era un ostacolo insormontabile, ma una sfida che poteva superare.

«Anche quando non so cosa fare, so che posso contare su tante persone che credono in me», rispose Thomas con decisione. «Non permetterò che il dubbio mi fermi. Farò un passo alla volta, e troverò la mia strada.»

La figura esitò per un momento, poi si dissolse, lasciando dietro di sé solo una leggera foschia. Thomas sentì il peso del dubbio sollevarsi, ma non c'era tempo per riposare. La seconda figura avanzò venendo da sinistra.

«Io sono la paura di fallire», disse la strana forma fluttuante, con una voce che riecheggiava come un'eco oscura. «Sono il timore di deludere chi conta su di te, di non essere all'altezza

delle aspettative. Sono quella sensazione che ti fa esitare prima di agire, che ti spinge a non provarci, per paura di sbagliare.»

Questa paura colpì Thomas profondamente. Ogni volta che aveva dovuto prendere una decisione importante, portare a termine un compito, il timore di fallire era stato il suo più grande nemico. Ma poi pensò a tutte le volte in cui, nonostante la paura, aveva tentato lo stesso, talvolta sbagliando. Aveva capito però che sbagliare non era sinonimo di fallimento, ma semplicemente fermarsi per imparare e ripartire più forte di prima verso i suoi sogni. Sbagliare un compito o subire un gol in fondo, perdere una sfida importante, facevano parte della vita.

«Il fallimento non è la fine», disse Thomas, con voce ferma. «È solo una parte del viaggio. Gli errori non mi fermeranno, ma sbagliare mi renderà più forte e più saggio insegnandomi a vivere. Non permetterò che la paura di fallire mi impedisca di provare.»

La seconda figura vacillò, e poi si dissolse, lasciando una sensazione di leggerezza nel cuore di Thomas. Sentiva di aver superato un altro ostacolo, ma la terza figura era già di fronte a lui.

«Io sono la paura della solitudine», sussurrò la figura, e il suono sembrava riempire ogni angolo della caverna. «Sono il terrore di rimanere solo, senza nessuno al tuo fianco. Sono la voce che ti fa sentire isolato, anche quando sei circondato da

persone che ti vogliono bene.»

Questa era la paura più difficile di tutte. Thomas ricordava quand'era nata la sorellina, di come tutte le premure erano su di lei, e si era sentito trascurato. Durante la sua crescita aveva dovuto condividere le attenzioni dei genitori e dei parenti con Ester e talvolta si era sentito solo, come se non fosse importante. Era anche arrivato a pensare che forse la sua mamma e il suo papà si fossero dimenticati di lui. Aveva sempre avuto i suoi amici al suo fianco, i suoi genitori, i nonni e i suoi insegnanti e l'idea di dover affrontare il mondo da solo lo spaventava più di ogni altra cosa.

Ma poi pensò a tutte le volte in cui, anche nei momenti più difficili, aveva trovato quella forza dentro di sé che emergeva dal profondo con la volontà di fare. Aveva imparato che la solitudine non era una condizione permanente, ma una sfida che poteva superare.

«Anche se dovessi affrontare tutto da solo, so che posso farcela», disse Thomas, con una nuova consapevolezza. «Perché non sono mai veramente solo. Porto i miei amici e la mia famiglia nel cuore, ovunque vada, e questo mi dà la forza di affrontare qualsiasi cosa.»

La terza figura indefinita, lo fissò per un istante, poi, con le mani macilente che stavano per afferrarlo, si dissolse lentamente, lasciando una calma profonda dentro di lui. La caverna iniziò a tremare, e la luce fioca si intensificò fino a diventare abbagliante. Thomas si coprì gli occhi, e quando la

luce svanì, si ritrovò di nuovo nella radura, circondato dai suoi amici.

«Eri sparito!» esclamò Sara, correndo verso di lui. «Ci hai fatto preoccupare!»

Thomas si guardò intorno, ancora confuso. Per lui, sembrava fosse passato solo un momento, ma il viso preoccupato dei suoi amici raccontava una storia diversa.

«Sto bene», disse infine, sentendo una nuova forza dentro di sé. «Ho superato la prova.»

CAPITOLO 12: IL RITORNO DELL'OMBRA

Thomas e i suoi amici erano alle prese con i compiti che, rispetto all'anno precedente, risultavano molto più impegnativi. La quinta elementare era il terreno fondamentale di preparazione alle scuole medie e ci voleva molto impegno. I bambini studiavano nella stanza di Thomas, mentre Ester era alle prese con le prime lettere, seguita in cucina dalla mamma. La bambina sentì il richiamo del pallone e, con la scusa di andare in bagno, irruppe nella stanza di Thomas e corse a prendere il pallone da sotto il letto. Nessuno si era accorto che esso brillava e li stava chiamando.

«È un'emergenza!» gridò Ester, portando scompiglio nella concentrazione degli studenti.

Senza esitare, e lasciando lo studio in sospeso, tutto il gruppo posò le mani sul pallone ed esso li trasportò in un nuovo villaggio che sembrava uscito da una favola. Le case erano fatte di tronchi intrecciati e muschio, e piccoli ponticelli di legno attraversavano ruscelli scintillanti. Gli abitanti del villaggio, però, non erano persone, ma creature magiche del bosco, simili a piccoli animali che camminavano su due zampe e indossavano abiti colorati. C'erano volpi e tassi con lunghi mantelli dorati, lepri snelle e gufi dall'aria maestosa e saggia. Ma nonostante l'aspetto fiabesco del villaggio, l'atmosfera era tesa e inquietante. Gli abitanti del villaggio del bosco si

aggiravano svelti con sguardi preoccupati, parlottando sottovoce tra loro. Quando i bambini si avvicinarono, una volpe con un cappello a cilindro e una coda che ondeggiava nervosamente si fece avanti per accoglierli.

«Chi siete voi?» chiese la volpe, la voce tremante ma curiosa.

«Siamo amici,» rispose Thomas con un sorriso rassicurante. «Siamo qui per aiutare. Cosa sta succedendo in questo posto?»

La volpe si guardò intorno, come per assicurarsi che nessuno li stesse ascoltando, poi abbassò la voce. «C'è un oscuro personaggio che è arrivato qui da poco. Ha l'aspetto di un umano, ma non è come voi. Porta con sé un'aura di paura e i suoi scagnozzi... oh, sono creature malvagie che hanno iniziato a dominare il villaggio. Hanno sfidato il nostro miglior calciatore, il giovane Riccio Rapido, e la sua squadra di calcio e li hanno battuti. Come pena per la sconfitta, si è impossessato del nostro campo e da allora ci sottomette attraverso un gioco violento. La nostra comunità non è più la stessa.»

Sara sgranò gli occhi. «Un nemico calciatore? E usa il calcio per terrorizzare gli abitanti?»

La volpe annuì tristemente. «Sì, ha trasformato il nostro amato campo di calcio in un luogo di paura. Ci costringe a sostenere partite estenuanti e non ha pietà di nessuno.»

«Non possiamo permetterlo,» disse Andrea con determinazione. «Dobbiamo sfidarlo e restituire a questo villaggio la sua libertà.»

Il gruppo di bambini si fece strada attraverso il villaggio,

seguendo la volpe fino a un grande campo coperto di fresco muschio verde e profumato, circondato da tribune naturali fatte di rocce e radici intrecciate, il campo da calcio più bello che i bambini avessero mai visto. Al centro del campo, con un'aria minacciosa, si ergeva nientemeno che il nemico che avevano già affrontato: l'Ombra. Accanto a lui, schierati come una squadra di calcio infernale, c'erano le sue creature: lupi dai denti affilati, corvi con artigli acuminati e forti zampe per calciare, serpenti dalla pelle lucente con spire intrecciate a formare agili gambe.

«Così ci rivediamo giovani e fastidiosi umani! Siete voi dunque i coraggiosi sfidanti venuti da un altro mondo per misurarvi con noi?» chiese l'oscuro personaggio, con un sorriso maligno. «Pensate davvero di poter vincere contro la mia squadra?»

Thomas si fece avanti, guardando dritto negli occhi dell'uomo. «Sì, lo pensiamo, perché ti abbiamo già sconfitto. Noi non giochiamo solo per vincere, ma per la libertà, per la giustizia, e per restituire la gioia a questo villaggio.»

L'Ombra scoppiò in una risata gelida. «Bene! Non mi tiro mai indietro davanti a una sfida del genere. Che la partita cominci!»

Il campo di calcio si trasformò in un'arena di tensione, con le creature del bosco che osservavano trepidanti dalle tribune. Thomas e i suoi amici formarono la loro squadra, con Sara, la migliore dribblatrice, come attaccante, Thomas come centrale, Andrea e Sebastian in difesa, e persino la piccola Ester

in porta, con la sua determinazione che superava la sua giovane età e alcuni degli animali più coraggiosi, a dargli supporto per completare la squadra.

Tutti sapevano di poter contare sull'aiuto del pallone magico, il quale gli avrebbe dato la forza per colmare lo svantaggio di essere solo dei bambini contro animali grandi e veloci.

La partita iniziò con un'energia feroce. I compagni dell'oscuro personaggio si muovevano con velocità e frenesia, cercando di sopraffare i bambini e gli animali del villaggio. Sara, con la sua agilità, riuscì a dribblare i lupi, evitando i loro attacchi con movimenti rapidi e precisi. Thomas, sfruttando le sue abilità matematiche, calcolava angoli e strategie in modo fulmineo, mentre i piccoli animali creavano diversivi per disorientare i lupi in attacco.

Nonostante i loro sforzi, la partita era dura. L'Ombra era un avversario astuto, e i suoi giocatori, implacabili. Ad un certo punto, Sebastian venne placcato duramente da un lupo e cadde a terra, cadendo su un fianco. Con un grido di dolore, cercò di rialzarsi, ma zoppicava visibilmente. La partita era piena di scorrettezze, gli animali nemici ridevano e prendevano in giro i bambini, i quali non potevano appellarsi a nessun arbitro.

Thomas, arrabbiato per l'andamento scorretto corse in aiuto del suo compagno di squadra, mettendogli un braccio intorno alle spalle per sostenerlo. «Non mollare, Seb,» disse con voce ferma. «Siamo tutti insieme in questa partita, e non lasceremo

che ci battano.»

Andrea annuì, stringendo i denti. «Non mi arrenderò. Dobbiamo vincere.»

Il momento cruciale arrivò negli ultimi minuti della partita. Il punteggio era pari, e l'Ombra stava iniziando a mostrare segni di impazienza. Thomas capì che dovevano fare qualcosa di straordinario per vincere.

«Ci serve un'ultima mossa,» disse Thomas, radunando il gruppo. «Sara, tu hai l'abilità di dribblare meglio di chiunque altro. Andrea, copri le spalle a Sara. Sebastian, so che non ti senti in forma, ma secondo me hai ancora la forza per un ultimo sprint. Ester, preparati a un tiro difficile.»

Con la strategia stabilita, e supportati dai coraggiosi animali del bosco, ripresero la partita con una nuova determinazione. Sara iniziò il suo dribbling finale, superando uno scagnozzo dopo l'altro. Andrea la seguiva da vicino, bloccando ogni tentativo di intervento da parte degli avversari. Sebastian, nonostante il dolore, trovò la forza per correre verso l'area avversaria, attirando su di sé l'attenzione dei nemici.

Poi, proprio quando tutti pensavano che Sara avrebbe tentato il tiro, fece un passaggio perfetto verso Ester, che era rimasta nascosta dietro gli avversari. Il pallone arrivò in volo verso di lei, la quale, con un gesto morbido delle mani, lo ammaestrò senza nemmeno toccarlo, per evitare di infrangere le regole del gioco. Il pallone magico, profondamente legato a lei, partì con tutta la sua forza. Il tiro fu potente e preciso,

superando l'oscuro personaggio e i suoi animali, infilando il pallone in rete, proprio allo scadere del tempo stabilito.

Il silenzio calò per un istante, poi scoppiò un urlo di gioia. Il villaggio era salvo!

L'Ombra cadde in ginocchio, pervaso dalla rabbia, il suo potere spezzato.

Thomas si avvicinò all'uomo, offrendo la mano. «Puoi ancora scegliere di cambiare, di vedere la luce invece dell'ombra.»

L'oscuro personaggio guardò Thomas negli occhi, e iniziò a ridere. «Il vostro tentativo di farmi redimere è patetico, così come la volontà di restituire la pace al mondo magico! Non finisce qui!»

Con quelle parole, l'uomo si dissolse in un soffio di vento impetuoso, portando via con sé le ombre che avevano avvolto il villaggio, e tutti i lupi, i corvi e i serpenti scapparono via, cacciati dagli abitanti del bosco.

Gli animali esplosero in grida di gioia, abbracciandosi l'un l'altro e celebrando la vittoria. Thomas e i suoi amici furono portati in trionfo, acclamati come eroi. Avevano dimostrato che la forza dell'amicizia, del coraggio e della speranza poteva vincere contro qualsiasi avversità, anche contro l'oscurità più profonda.

E mentre il sole tramontava su quel magico villaggio, i bambini sapevano di aver imparato una lezione importante: i veri eroi non combattono solo con la forza, ma con il cuore. La vittoria non serve a niente se non raggiunta in collaborazione

con i compagni ed è accompagnata da un desiderio profondo di servire il prossimo rendendosi utili, essere un esempio di unione e amicizia per il mondo.

CAPITOLO 13: L'UNIONE FA LA FORZA

Era una giornata normale, con i bambini sparsi per il paese, impegnati nelle loro attività quotidiane. Thomas era a casa, intento a finire i compiti di matematica, quando sentì una strana vibrazione proveniente dal suo zaino. Aprì la tasca e trovò il pallone magico che brillava leggermente. Era un segnale inequivocabile: il pallone stava richiamando lui e i suoi amici per una nuova avventura, così si rivolse a sua sorella per capire. Ester disse che dovevano riunirsi subito perché qualcosa di grandioso li attendeva.

Con il cuore che batteva forte, Thomas prese il telefono e iniziò a chiamare i suoi amici.

«Ciao, Sara? È successo di nuovo. Il pallone ci sta chiamando. Incontriamoci al campo sportivo. Presto!»

Uno dopo l'altro, i bambini risposero alla chiamata di Thomas e si diressero di corsa al campo sportivo, il loro posto preferito. Era un punto di riferimento per il gruppo, un luogo che rappresentava la loro amicizia e i bei momenti passati insieme. Quando tutti furono arrivati, Thomas mostrò loro il pallone, che ora brillava intensamente.

«Ester aveva ragione, il pallone ci sta chiamando» disse, mentre lei sorrideva soddisfatta.

«Pronti per un'altra avventura?» chiese Sebastian, entusiasta.

«Sempre!» risposero in coro Andrea e Sara.

Formarono un cerchio attorno al pallone, ognuno con una mano appoggiata su di esso. Un lampo di luce li avvolse e, in un istante, si ritrovarono in una bellissima foresta. Gli alberi erano altissimi, con rami intrecciati che oscuravano il cielo. In lontananza, svettava una torre alta e misteriosa.

Mentre si guardavano intorno, cercando di capire dove fossero, il maestoso gufo apparve tra gli alberi. Il suo piumaggio marrone e bianco, con sfumature di grigio si fondeva perfettamente con l'ambiente, ma i suoi occhi gialli brillavano di saggezza.

«Bentornati, giovani eroi» disse il gufo con una voce calma ma autorevole. «Questa terra un tempo prospera è stata maledetta da un potere oscuro, chiamato Ombra. Solo voi che lo avete già affrontato potete spezzare la maledizione, recuperando quattro chiavi nascoste dietro sfide che metteranno alla prova il vostro coraggio, ingegno, forza e lealtà. Soltanto allora la torre si aprirà e potrete estirpare la fonte della maledizione.»

I bambini si scambiarono sguardi risoluti. Sapevano che la sfida sarebbe stata ardua, ma erano pronti a lavorare insieme per superarla.

Guidati dal gufo, i bambini si avventurarono nella parte a ovest della foresta, dove le ombre si muovevano sinistramente tra gli alberi, creando un'atmosfera carica di tensione. Alla fine del sentiero, trovarono una caverna buia e profonda. Il gufo indicò l'ingresso e nel gruppo calò il silenzio.

«Sara, questa è la tua sfida, quella del coraggio» disse il gufo, sapendo che il coraggio era sempre stato il punto forte di Sara. Glielo aveva letto dentro, quella bambina era la persona giusta per la prova.

Thomas le diede il pallone come supporto e con un groppo in gola, Sara avanzò con passo deciso, anche se il suo cuore batteva forte. Entrata nella caverna, le ombre si fecero più fitte e le sussurravano all'orecchio, cercando di spaventarla.

«Non ce la farai mai» mormorava una di esse, ronzandole intorno per intimorirla.

Ma Sara sapeva che quelle ombre non erano reali, bensì manifestazioni delle sue paure. Strinse il pallone che sembrava infonderle coraggio e proseguì, ignorando i sussurri e le figure oscure che cercavano di fermarla. Alla fine della caverna, una luce azzurra illuminava una piccola camera. Al centro, su un piedistallo, giaceva la prima chiave. Sara la afferrò con decisione e, in quel momento, tutte le ombre scomparvero. Lei tornò dai compagni che l'accolsero con gioia, aveva superato la sfida del coraggio.

Dopo aver ottenuto la prima chiave, il gruppo, scortato dal saggio gufo, s'ncamminò verso un antico tempio, circondato da imponenti statue di animali. All'ingresso, trovavano una serie di piastrelle con simboli di animali scolpiti: un leone, una tartaruga, un falco e una lepre.

«Questa è la tua prova, Thomas, la sfida dell'ingegno» disse il gufo, invitandolo ad osservare attentamente i simboli. Doveva

scegliere quello giusto per proseguire. Ricordò una lezione di scuola sulle caratteristiche degli animali: il leone è forte, il falco è saggio, la tartaruga è paziente e la lepre è veloce.

Dopo aver riflettuto, scelse il falco, simbolo di saggezza e visione chiara perché questa era la sfida dell'ingegno. Prese un respiro profondo e premette sulla piastrella con il simbolo dell'animale. Un rumore sordo riecheggiò e una porta nascosta si aprì, rivelando la seconda chiave. Thomas aveva dimostrato il suo ingegno, riuscendo a risolvere l'enigma.

La terza sfida, quella della forza, si trovava davanti a una gigantesca roccia che bloccava l'accesso a una caverna. La chiave era nascosta all'interno, ma la roccia doveva essere rimossa per potervi accedere.

«Questa è la mia sfida» disse Sebastian anticipando il gufo, che compiaciuto, si fece da parte per lasciarlo passare.

Sebastian notò una piccola crepa alla base della roccia, prese un grosso tronco da usare come leva e iniziò a spingere ma senza successo. "Sono troppo debole" pensò sconfortato "cosa posso fare?". Sebastian rifletté un attimo, poi gli venne un'idea. "Non devo dimostrare niente a nessuno e nemmeno vantarmi della mia forza. Con umiltà, tornò indietro e chiese aiuto ai suoi amici Thomas e Andrea, mentre Sara rimase con Ester. I tre bambini insieme riposizionarono il legno nella crepa, e iniziarono a spingere con tutta la loro forza. La roccia tremò leggermente, ma non si mosse. Non si arresero e, con un ultimo sforzo, spinsero ancora più forte. La roccia finalmente rotolò

via, rivelando l'ingresso della caverna e la terza chiave. Sebastian ringraziò i suoi amici del cuore e imparò che chiedere aiuto non è vergogna, anzi, rappresenta un atto di grande intelligenza. Anche la sfida della forza era stata superata.

I cinque amici accompagnati dal saggio gufo, si ritrovarono di fronte a una cascata impetuosa, dove l'acqua scrosciava con tale forza da sembrare un muro invalicabile. La chiave che cercavano era nascosta oltre quel muro d'acqua, in una grotta che solo il più coraggioso e leale poteva raggiungere.

Prima ancora che il gufo parlasse, Andrea sapeva che questa era la sua prova, ma anche che non poteva affrontarla da solo. Si voltò verso i suoi amici, il suo sguardo era serio ma pieno di determinazione.

«Amici, questa sfida parla di lealtà, e so che non posso superarla da solo. Mi fido di tutti voi, abbiamo bisogno l'uno dell'altro per farcela.»

Gli amici annuirono, consapevoli dell'importanza del momento. Formarono una catena umana, con Andrea come guida. Sara si posizionò subito dietro di lui, seguita da Sebastian e Thomas, che teneva stretta la piccola Ester. Ogni passo avanti era una lotta contro la corrente fredda e potente che cercava di trascinarli via, ma Andrea avanzava con sicurezza, sapendo di poter contare sul sostegno dei suoi amici. Mentre attraversavano il muro d'acqua, la corrente si fece più intensa, quasi come se la cascata stessa volesse

separarli. Andrea sentiva l'acqua battergli contro, implacabile, e a un certo punto questa forza lo fece vacillare. Per un attimo, pensò di lasciar perdere, di tornare indietro.

Ma proprio in quel momento, Sara strinse la sua mano con forza. «Non mollare, Andrea. Siamo qui con te,» disse, la sua voce decisa.

Quel gesto, quella semplice dimostrazione di fiducia e lealtà, ridiede ad Andrea la forza di continuare. Con rinnovata determinazione, riprese a camminare, sentendo dietro di sé il sostegno di Sebastian, Thomas ed Ester. Ogni passo era una testimonianza della loro amicizia e della loro fiducia reciproca.

Finalmente, superarono la cascata. Oltre il muro d'acqua, trovarono una grotta nascosta, illuminata da una luce soffusa. Al centro della caverna, incastonata in una roccia scintillante, c'era la quarta chiave.

Andrea si avvicinò e la prese con mano sicura, sapendo di aver superato la prova della lealtà non solo con il suo coraggio, ma soprattutto grazie al legame che univa lui e i suoi amici. Aveva imparato che la vera forza non risiede solo nel singolo individuo, ma nell'unione di chi è al tuo fianco, pronto a sostenerti nei momenti più difficili.

«Abbiamo fatto un grande lavoro, insieme,» disse Andrea, mentre gli altri annuivano, soddisfatti e felici. Era stato un viaggio difficile, ma grazie al sostegno reciproco, avevano superato anche questa prova.

Con le quattro chiavi in mano, i bambini si diressero verso

la Torre. Le chiavi si inserirono perfettamente nelle serrature e la porta si aprì con un rumore cupo. All'interno, li attendeva una figura oscura, avvolta da un'aura minacciosa. Era l'Ombra, il nemico che ormai conoscevano bene, aveva occhi che brillavano di malizia. «Siete tenaci giovani umani, ma non crederete di poter spezzare la mia maledizione. Io sono il vostro peggior incubo, il vostro nemico più grande.»

Senza farsi intimorire, Thomas, Andrea, Sara e Sebastian formarono un cerchio, tenendosi per mano. Le chiavi brillavano, ma l'oscura figura avanzava comunque, la sua forza alimentata dall'odio e dalla paura. Sembrava che nulla potesse fermarlo.

Ester, che fino a quel momento era rimasta un passo indietro, si avvicinò al cerchio con il pallone magico tra le mani. «Non puoi vincere,» disse con una voce sorprendentemente ferma. «Siamo più forti di te, perché siamo uniti.»

Con un gesto deciso, Ester calciò il pallone verso L'ombra. Il pallone esplose in una luce accecante, avvolgendo l'intera torre. L'ombra tentò di resistere, ma la luce era troppo forte. Con un grido disperato, essa si dissolse, scomparendo nel nulla.

Quando la luce si affievolì, i bambini si trovarono ancora nella foresta, ma questa volta era diversa. Gli alberi erano rigogliosi, il cielo limpido e azzurro. Il gufo, che li aveva accolti all'inizio, apparve di nuovo davanti a loro, con un'espressione di approvazione.

«Avete dimostrato che l'unione fa la forza. Con coraggio,

ingegno, forza e lealtà, avete superato tutte le prove. Ma è stata la vostra umiltà, il vostro legame, a farvi vincere. Ricordate: nel gioco di squadra potete fare la differenza.»

I bambini sorrisero, sentendo di aver imparato una lezione preziosa. Erano un gruppo, uniti non solo dall'amicizia, ma anche dalla fiducia reciproca. E sapevano che, qualunque avventura li attendesse in futuro, l'avrebbero affrontata insieme.

CAPITOLO 14: PARTITA AMICHEVOLE

Era una mattina ventosa quella domenica a Borgosole, in cui Thomas e i suoi amici si preparavano per la partita amichevole organizzata con la squadra della città vicina, Borgomare. Il campo sportivo brulicava di ragazzi in divisa e spettatori ansiosi e le squadre si stavano allineando lungo il centrocampo, pronte a dare il meglio di sé. Sugli spalti, i genitori dei bambini facevano il tifo con entusiasmo, mentre la piccola Ester, con il viso dipinto dei colori della squadra, agitava una bandierina con un'energia contagiosa.

Era da qualche tempo che il pallone magico non si era più fatto sentire. I ragazzi si erano a lungo domandati il motivo, avevano cercato di accedere al mondo magico. Volevano far visita ai villaggi, alle creature che avevano aiutato, sapere se fosse tutto in ordine, ma nulla. Il pallone sembrava essere tornato normale. Si chiedevano il motivo di tutto questo silenzio, si sentivano un po' smarriti e questo li portò in campo più spenti del solito.

Negli spogliatoi, il loro allenatore, il maestro di educazione fisica della scuola, parlava con voce ferma ma incoraggiante.

«Ragazzi, oggi è il grande giorno. Questa partita si svolge ogni anno e la nostra città ci tiene molto che sia un evento di aggregazione e di divertimento. Ricordate, il calcio è un gioco di squadra. La cosa più importante è collaborare, fidarsi l'uno

dell'altro e dare il massimo, senza mai mollare. Non importa se vinciamo o perdiamo, ciò che conta è la collaborazione.»

Thomas ascoltava attentamente, ma nella sua mente tornava sempre lo stesso pensiero: «Se potessimo usare il pallone magico, sarebbe tutto più facile.» Lo stesso dubbio serpeggiava anche tra Sara, Sebastian e Andrea. Erano talmente abituati a contare su quel pallone speciale che ora, senza di esso, si sentivano quasi incompleti.

La partita iniziò, e fin da subito fu chiaro che sarebbe stata una bella sfida. La squadra avversaria era forte e ben organizzata, ma quella di Borgosole non si lasciò intimidire. Giocarono con determinazione, cercando di mettere in pratica i consigli del loro allenatore. Tuttavia, qualcosa sembrava mancare. Ogni passaggio, ogni tiro risultava meno preciso del solito, e la fiducia che avevano costruito nelle ultime settimane iniziava a vacillare.

A metà del secondo tempo, accadde l'imprevisto: durante un'azione concitata, Sara cadde malamente dopo un contrasto. Si mise immediatamente le mani sul ginocchio, il dolore era evidente sul suo volto. L'allenatore e i compagni corsero subito da lei. Dopo una rapida valutazione, fu chiaro che Sara non poteva continuare a giocare. Dovette lasciare il campo, zoppicando e con le lacrime agli occhi.

Questo colpo destabilizzò molto la squadra. Thomas cercava di tenere alto il morale, ma era evidente che qualcosa si era spezzato. La partita continuò con fatica, e nonostante gli sforzi

di tutti, l'esito non fu quello sperato. Alla fine, la squadra di Borgosole perse con un amaro 2-1.

Negli spogliatoi, il silenzio era pesante. Il loro allenatore cercò di rincuorarli.

«Avete giocato bene, nonostante tutto. È normale sentirsi delusi, ma ricordatevi che ogni sconfitta è una lezione. Questo deve incoraggiarci a non fermarci mai e da domani a scuola, ricominceremo ad allenarci e vedrete che torneremo più forti di prima.»

I bambini, trasportati dall'incoraggiamento del loro allenatore e insegnante, annuirono toccandosi le spalle a vicenda. Dentro di sé tuttavia, Thomas e i suoi amici erano convinti che la sconfitta era stata influenzata da un altro fattore. «Forse abbiamo perso fiducia in noi stessi perché ci siamo abituati troppo a contare sul pallone magico» pensava Thomas. Eppure, il pallone non li aveva chiamati da tempo. Perché? Si chiedevano se fosse colpa loro, se avessero in qualche modo perso il legame speciale che li univa a quel mondo magico.

Uscirono dal campo con il capo chino, ma con una nuova consapevolezza: avrebbero dovuto ritrovare la fiducia in sé stessi e l'uno nell'altro, senza dipendere da alcun potere speciale. Forse, era proprio questo il motivo per cui il pallone magico non si era più fatto vivo e avevano deciso di non pensarci più per riprendere al meglio una vita normale.

CAPITOLO 15: LA TRAPPOLA MAGICA

L'inverno aveva avvolto il piccolo paese di Borgosole in un abbraccio gelido e candido. Le giornate di Thomas, Sara, Sebastian, Andrea ed Ester si erano riempite di battaglie a palle di neve, costruzione di pupazzi e lunghe scivolate sul ghiaccio. La scuola continuava a ritmo regolare, e le avventure nel mondo magico erano ormai un ricordo lontano. Il pallone magico, che per tanto tempo aveva chiamato i bambini verso avventure straordinarie, non si era più fatto sentire, quasi dimenticato nel trambusto della vita quotidiana.

Una sera, mentre Thomas stava rientrando a casa dopo un'ennesima giornata di giochi nella neve, accadde qualcosa di strano. Mentre si toglieva gli stivali bagnati all'ingresso, vide una figura misteriosa attraversare rapidamente il cortile. Thomas riuscì a scorgere qualcosa solo di sfuggita: qualcuno avvolto in un lungo mantello nero, con il volto nascosto da un cappuccio che copriva tutto il viso. Si muoveva con sorprendente agilità, quasi scivolando sulla neve, dirigendosi verso il retro di casa sua.

Thomas si irrigidì, il cuore iniziò a battere all'impazzata. Decise di non perdere tempo e corse dentro, preoccupato che una figura cattiva del mondo magico, fosse venuta nel suo per fare del male alla sua famiglia. In casa non c'era nessuno, poi, d'un tratto, avvertì del movimento proveniente dalla soffitta.

Salì le scale e aprì la porta di colpo, trovandosi di fronte a una scena che gli gelò il sangue. La figura incappucciata era lì, con una mano avvolta intorno al pallone, che stava lentamente assorbendo la sua luce dorata. Era l'Ombra e sembrava che il pallone lottasse contro la sua presa, ma l'energia che emanava si affievoliva sempre di più.

«Fermo! Lascialo stare!» gridò Thomas, tentando di avvicinarsi.

Ma l'Ombra si voltò lentamente, senza lasciare che Thomas vedesse il suo volto. Con un movimento rapido e fluido, il pallone fu avvolto dal mantello, e in un battito di ciglia, la figura scappò dalla finestra aperta della soffitta, atterrando agilmente sulla neve sottostante.

Thomas non perse tempo. Afferrò il telefono e chiamò Sara, Sebastian e Andrea. «È successo qualcosa di grave! Il pallone magico è stato rubato! Vediamoci subito a casa mia!»

Ester e Thomas attesero i loro amici con apprensione. Dopo pochi minuti essi giunsero di corsa, le guance rosse per il freddo e il fiatone. Nonostante la neve continuasse a cadere fitta, i loro pensieri erano rivolti al pallone e al ladro, nuovamente identificato come l'Ombra.

«Ancora lui? Perchè avrà preso il pallone?» chiese Sara, stringendo il suo cappotto per ripararsi dal vento gelido.

«Non lo so,» rispose Thomas, «ma dobbiamo recuperarlo. Non possiamo permettere che rimanga nelle mani di quella figura.» Decisero di seguire le tracce lasciate nella neve dal nemico

misterioso, che si allontanavano dalla proprietà e si dirigevano verso il bosco. Il cuore di Ester batteva forte mentre avanzavano. Sentiva che il pallone stava cercando di chiamarla, ma la voce era flebile, quasi impercettibile.

Quando arrivarono ai margini del bosco, videro il ladro in lontananza. Stava cercando di aprire un varco che, con molta probabilità, era l'accesso al mondo magico da dove lui era venuto. I bambini non si persero d'animo. In preda all'adrenalina e alla ferrea volontà di non voler perdere il pallone, si lanciarono all'inseguimento, scivolando e affondando nella neve alta. Quando riuscirono a raggiungere il ladro, egli, sicuro ormai di aver vinto, ritardò a oltrepassare il portale e si beffò di loro ridendo.

I bambini lo videro alzare le mani verso il cielo, come per evocare un incantesimo. Il pallone era spento, sembrava senza vita. L'aria si riempì di una strana energia, e una fitta nebbia iniziò ad avvolgere la radura, nascondendo la figura e il pallone alla vista.

«Vi stavate chiedendo perché il vostro pallone magico non vi ha chiamato ultimamente?» L'Ombra parlò con una voce profonda e avvolgente. «Sono stato io a bloccarlo e adesso me prendo, così non potrete mai più mettere piede nel mondo magico. Ho assorbito il suo potere mesi fa, così ho potuto governare il mondo magico senza impedimenti! Se mi metterete ancora i bastoni tra le ruote, tornerò qui e invaderò anche il vostro di mondo.»

«Non possiamo lasciarglielo fare!» gridò Sebastian, stringendo i pugni.

«Dobbiamo fare qualcosa, adesso!» esclamò Andrea, inorridito al solo pensiero.

«Sì, dobbiamo risvegliare il pallone. Deve ricordarsi di noi,» aggiunse Sara, mentre il vento freddo invernale le sferzava il viso.

I bambini formarono un cerchio, proprio come avevano fatto in passato per risvegliare i poteri del pallone. Si presero per mano e chiusero gli occhi, concentrandosi su tutto ciò che avevano vissuto insieme: le avventure, i pericoli superati e soprattutto il legame che li univa. Ester, con gli occhi quasi in lacrime, iniziò a sussurrare dolci parole al pallone, cercando di fargli ricordare chi erano e quanto avessero bisogno di lui.

Improvvisamente, un bagliore dorato ruppe la nebbia. Il pallone, ancora nelle mani del ladro, poco alla volta iniziò a brillare, come se si stesse ribellando al controllo maligno. La figura incappucciata emise un urlo furioso, sentendo il potere scivolargli via dalle mani.

«Sta funzionando!» gridò Thomas, stringendo la mano di Sebastian con forza. «Non molliamo!»

Il pallone tremò, poi con uno scatto improvviso si liberò dalla presa del losco figuro, volando alto nel cielo, in una luce accecante. Il ladro cercò di afferrarlo di nuovo, ma il pallone sfrecciò verso Ester, come attirato da una forza irresistibile.

Ester allungò le mani e, con un'espressione di gioia, lo

afferrò. La luce che emanava si fece ancora più intensa, avvolgendo i bambini e scacciando definitivamente la nebbia.

l'Ombra, privata del suo bottino, indietreggiò nella neve, emettendo un urlo di rabbia prima di sparire nel portale che poi si dissolse nel nulla, lasciando dietro di sé solo un'eco spettrale.

«L'avete voluto voi! Ci rivedremo presto!» minacciò con voce cavernosa, prima di scomparire completamente.

I bambini, ancora scossi e increduli, guardarono Ester con il pallone tra le mani. Avevano scongiurato la perdita dell'accesso al loro mondo speciale a cui ormai erano affezionati, e ancora una volta, era stato il loro legame a salvarli. Mentre tornavano a casa, Thomas non lasciò più il pallone incustodito e lo tenne con sé giorno e notte. Quell'esperienza aveva insegnato loro una lezione importante, che poteva essere applicata nella vita di tutti i giorni e, perché no, anche alla prossima partita di calcio: la vera forza non risiedeva tanto nel pallone, quanto soprattutto nell'unione e nella fiducia che avevano costruito tra loro.

CAPITOLO 16: IL SACRIFICIO DI THOMAS

Molti altri giorni erano trascorsi dal tentativo di furto, rendendo le giornate successive cariche di tensione. Thomas e i suoi amici non erano più riusciti a riabituarsi alla vita normale, lontana dalle avventure straordinarie che avevano vissuto grazie al pallone magico. Il ricordo di quel misterioso individuo dal volto nascosto sotto un mantello continuava a tormentare Thomas, come un presagio di qualcosa di molto più oscuro.

Una sera, i ragazzi erano riuniti in casa di Sebastian a giocare ai videogiochi. Sua mamma entrò nella stanza con la sorellina Aurora in braccio, mentre cercava di calmare i suoi pianti e li invitò a venire in cucina per fare merenda. I bambini risposero che sarebbero arrivati entro cinque minuti. Prima che la partita fosse finita, però, una luce intensa proveniente dal pallone magico, che riposava nello zaino di Thomas, attirò la loro attenzione. Il pallone, che dopo il tentativo di furto era rimasto in silenzio per settimane, ora pulsava di una luce dorata, quasi come se stesse cercando di avvertirli di un pericolo imminente.

Thomas lo tirò fuori dalla borsa, mentre gli altri bambini si riunivano intorno a lui, il cuore in gola. Ester, con la sua innocente e spiccata sensibilità, fu la prima a percepire le emozioni del pallone. «Sta cercando di dirci qualcosa,» sussurrò, accarezzando la vecchia e sbiadita sfera.

Prima che se ne rendessero conto, la stanza si riempì di una

luce abbagliante, e in un attimo, si ritrovarono trasportati nel mondo magico. Ma quello che videro non era più il luogo colorato e vibrante di vita che ricordavano. Il cielo era coperto da nubi nere e i villaggi che in passato avevano aiutato, una volta rigogliosi, si erano trasformati in un deserto spettrale. Gli alberi erano secchi e privi di foglie, i fiumi erano stati prosciugati, e un vento gelido soffiava tra le rovine di quello che sembrava essere un campo di battaglia.

«Cos'è successo qui?» chiese Sebastian, con la voce tremante.

Anche gli abitanti e gli animali che vi abitavano erano fuggiti. Un rumore improvviso li fece voltare di scatto. Davanti a loro, si stagliava la figura che bel conoscevano: l'Ombra, avvolta nel suo mantello scuro. Ma questa volta non era solo. Accanto a lui c'erano creature spaventose, simili ad animali con occhi rossi, che si muovevano con una rapidità innaturale, come se fossero parte del vento. I bambini riconobbero i lupi, i corvi e i serpenti che avevano affrontato e sconfitto nella partita di calcio, per liberare gli animali del mondo magico. Anche il signore oscuro aveva qualcosa di familiare.

«Non siete più al sicuro, bambini,» disse il ladro con una voce che sembrava provenire da ogni direzione. «Questo mondo mi appartiene ora, e presto, anche il vostro. Sono il nuovo padrone del mondo magico! Da oggi io vi dico: inchinatevi a me e promettetemi obbedienza.»

Thomas strinse il pallone, sentendo la sua energia vacillare. Il

ladro stava usando un sortilegio oscuro per drenare la forza vitale del mondo magico, e con essa, il potere del pallone. Sapeva che doveva fare qualcosa, ma cosa?

Noi ti fermeremo!» gridò Sara, avanzando con coraggio. Ma la creatura animale, dall'aspetto di un corvo più vicina a lei si lanciò in avanti, gracchiando e costringendola a indietreggiare. Gli animali si muovevano rapidamente, circondando i bambini, spingendoli verso il centro del villaggio in rovina. Con dei movimenti coordinati, gli inquietanti animali separarono Thomas da sua sorella e dal resto del gruppo. Ester, spaventata per suo fratello, pianse, consolata dalle amorevoli braccia di Sara.

«Non potete battermi! Il vostro legame con questo mondo ormai è debole. Ho tenuto chiuso il portale per tutto questo tempo e il pallone non ha più il potere di proteggervi,» continuò lui, avanzando lentamente verso Thomas. «Adesso mi prenderò i tuoi amici e la tua dolce sorellina, così rimarrai solo per sempre e non potrai più nuocermi.»

Thomas ebbe un sussulto, mentre il cuore sembrava non avere più una dimora fissa nel suo petto. La schiena rigida, il fiato sospeso e la paura di perdere chi amava. Le sue emozioni negative arrivarono fino alla creatura vagamente umana che nascondeva il volto sotto il cappuccio.

«A meno che ...» riprese l'Ombra, «tu non sia disposto a sacrificare qualcosa di molto prezioso affinché questo non avvenga.»

Thomas capì in quel momento che l'Ombra non cercava solo di distruggere il mondo magico, ma anche di spezzare il loro spirito. Voleva mettere alla prova la loro determinazione, la loro amicizia e la loro capacità di compiere un sacrificio per il bene comune. Il pallone brillava debolmente nelle sue mani, come se stesse aspettando la decisione di Thomas.

«Qual è il prezzo?» chiese Thomas, con la voce rotta dall'emozione.

«Il tuo legame con il pallone,» rispose il ladro, un sorriso sinistro apparve sul suo volto nascosto. «Se rinunci a questo legame, il pallone riacquisterà tutto il suo potere, i tuoi amici saranno salvi, ma tu non potrai mai più usarlo né entrare in questo mondo magico. Sarai tagliato fuori, per sempre!»

Gli altri ragazzi lo guardarono con occhi pieni di preoccupazione. Sapevano quanto il pallone significasse per Thomas, quanto le loro avventure fossero parte di lui. Ma allo stesso tempo, capivano che questa era forse l'unica via per salvare il mondo magico e tutto ciò che amavano.

Thomas abbassò lo sguardo sul pallone, sentendo il calore delle lacrime bruciargli gli occhi. Pensò a tutte le avventure, ai momenti di gioia, alle sfide superate insieme. Ma sapeva che non poteva permettere che il loro legame diventasse la causa della distruzione di quel mondo.

Con un respiro profondo, egli prese la sua decisione. «Accetto il sacrificio,» disse, con una calma che sorprese anche lui. «Rinuncio al mio legame con il pallone, se questo significa

salvare i miei amici e questo mondo.»

Il ladro rimase basito, sorpreso dalla risolutezza del bambino. «Sei veramente sicuro di quello che stai dicendo?»

«Sono sicuro. Adesso ... sparisci dalla mia vista!»

L'energia oscura che circondava il pallone svanì. Il pallone brillò di nuovo, questa volta con una luce intensa e pura, che respinse l'oscurità e fece indietreggiare l'Ombra.

Thomas sentì una fitta al cuore mentre il pallone iniziava a levitare, brillando sempre di più. Era come se tutto il potere che aveva accumulato fosse stato liberato in un'esplosione di luce. Ma con quella luce, Thomas sentì anche il legame che lo univa al pallone spezzarsi. Era una sensazione dolorosa, come se una parte di lui venisse strappata via.

Il ladro incredulo urlò, sconfitto dalla risolutezza del giovane, e si dissolse nella luce, lasciando i bambini soli nel villaggio, che iniziava lentamente a riprendersi. I lupi, i corvi e i serpenti che fino ad allora, sotto il giogo dell'Ombra erano cattivi, tornarono ad essere normali e parte delle creature magiche del villaggio. Gli alberi cominciarono a rigenerarsi, e un vento caldo portò via le nubi scure, rivelando un cielo azzurro sopra di loro.

Gli amici si avvicinarono a Thomas, che si accasciò a terra, esausto. Ester s'inginocchiò accanto a lui, stringendogli la mano. «Il tuo sacrificio non sarà vano, Thomas. Ci hai salvati e grazie a te, questo mondo è tornato a vivere!»

«Sì,» rispose Thomas, con un sorriso stanco. «Ma ora tutto è cambiato. Non posso più usare il pallone, e non potrò più

tornare qui.»

«Ma noi sì,» disse Andrea, con determinazione. «E ogni volta che verremo, sapremo che è grazie a te.»

Mentre il villaggio si risvegliava, Thomas si rese conto che, anche se aveva perso il suo legame con esso, aveva guadagnato qualcosa di molto più grande: l'amore e la gratitudine dei suoi amici, la stima degli abitanti del mondo magico e la consapevolezza di aver rinunciato a qualcosa di suo per donarlo agli altri.

I bambini fecero visita a tutto il mondo magico, per dare a Thomas la possibilità di salutarlo per l'ultima volta. Con le lacrime che gli scendevano lungo il viso provato, in un miscuglio di emozioni, che andavano dalla gioia di vedere i sorrisi delle creature che avevano aiutato e la tristezza di non rivederle mai più, Thomas disse loro addio. Le avrebbe comunque lasciate in buone mani.

Gli abitanti del villaggio a cui avevano restituito la gioia, lo ringraziarono profondamente per l'impegno e il sacrificio fatto per salvarli, gli animali del bosco, lo adornarono con una meravigliosa e profumata ghirlanda, intrecciata di fili d'erba e fiori. Gliela misero al collo dicendo che mai lo avrebbero dimenticato. Mentre attraversava la Foresta dei Sussurri, gli alberi e gli spiriti delle creature ormai libere dal giogo dell'ombra, urlavano gaudiose, stendendo tappeti erbosi sul suo cammino, mentre gli alberi inchinavano i loro rami per stringergli la mano. Thomas vide le sue mani diventare

trasparenti, poi anche il suo corpo iniziò a dissolversi. Prima di scomparire, diede un'ultima occhiata a quel meraviglioso mondo e si asciugò le lacrime, per lasciare il più bel ricordo di sé stesso. "Mi mancherai mondo magico, abbi cura di te".

Thomas sparì avvolto da una luce intensa, ritrovandosi in soffitta, dove la sua avventura aveva avuto inizio.

CAPITOLO 17: TI VOGLIO BENE THOMAS

La primavera era alle porte, i primi animali del bosco uscivano dal letargo e iniziavano fare capolino da un sottile strato di neve, che aveva ricoperto le loro tane. La neve ormai si stava sciogliendo, e proprio quell'anno infatti, aveva avvolto col suo manto candido il piccolo paese di Borgosole, regalando a grandi e piccini, un'atmosfera unica, ed era raro che nevicasse in pianura. Gli uccelli migratori tornavano guidati dai caldi raggi del sole e le giornate si allungavano,. La stanchezza dell'anno scolastico iniziava a farsi sentire, e prati e alberi si accendevano di profumi e colori. Ma dentro di sé, Thomas sentiva che la cupezza dell'inverno non volesse lasciarlo. Il sacrificio che aveva compiuto per spezzare l'influenza dell'Ombra sul mondo magico lo aveva lasciato con un vuoto dentro. Da un lato, sapeva di aver fatto la cosa giusta; dall'altro, sentiva un'enorme tristezza nel cuore. Non poter più accedere al mondo magico e non poter più vivere quelle avventure con i suoi amici era un peso che portava silenziosamente.

Mentre lui cercava di abituarsi a questa nuova realtà, Ester, Andrea, Sebastian e Sara continuavano a visitare il mondo magico, mantenendo il loro legame con quel luogo straordinario. Ogni volta che tornavano, raccontavano a Thomas delle nuove meraviglie che avevano scoperto e delle avventure che avevano vissuto. Anche se cercavano di non

fargli pesare la sua esclusione, Thomas non poteva fare a meno di sentirsi distante, come se una parte di lui fosse rimasta indietro, in un mondo che non poteva più raggiungere.

Ester, più di tutti, soffriva vedendo il fratello in quello stato. Sapeva quanto il mondo magico significasse per lui e quanto fosse ingiusto che fosse tagliato fuori, dopo tutto ciò che aveva fatto per salvarlo.

Un giorno, mentre lei e i suoi amici si trovavano nel mondo magico, seduti vicino a un vecchio albero, un suono familiare riempì l'aria. Ester alzò lo sguardo e vide il saggio gufo, che li aveva guidati durante le quattro prove delle chiavi, avvicinarsi silenziosamente e planare con eleganza tra i rami fioriti degli alberi.

Ester, con la tristezza nel profondo del suo cuore, lo salutò, cercando di nascondere la malinconia. Il gufo, con i suoi occhi penetranti e saggi, percepì immediatamente il suo stato d'animo. «Cosa turba il tuo giovane cuore, piccola Ester?» chiese il gufo, con una voce che risuonava come il fruscio delle foglie mosse dal vento.

Ester sospirò. «Mi manca Thomas, mi manca vederlo felice. So che lui soffre, anche se non lo dice. Vorrei poter fare qualcosa per riportarlo qui, ma non so come.»

Il gufo inclinò la testa, osservando Ester con occhi pieni di comprensione. «Forse esiste una soluzione,» disse infine, con una voce dolce e rassicurante. «Ma richiederà tutto il tuo coraggio e il tuo amore per lui. Sei pronta?»

Ester, sorpresa e speranzosa, annuì con decisione. «Farò qualsiasi cosa per aiutare mio fratello.»

Il gufo si avvicinò, appollaiandosi su un ramo vicino a lei. «Per riportare Thomas nel mondo magico, dobbiamo riaccendere il legame che lui ha sacrificato. Il legame può essere ripristinato attraverso un atto di vero amore e sacrificio da parte di chi lo ama profondamente. Devi trovare un oggetto che racchiuda il ricordo più prezioso di Thomas legato al mondo magico e portarlo alla Fonte del Ricordo, che si trova nelle profondità della Foresta degli Spiriti.»

Ester sapeva immediatamente quale fosse l'oggetto: il pallone che prima di essere ritrovato era custodito nella loro soffitta, lo stesso oggetto a cui Thomas aveva dovuto rinunciare per il suo sacrificio. Prese il pallone, che adesso era custodito a turno da tutti i bambini del gruppo, e partì, accompagnata da Sara, Sebastian e Andrea.

La Foresta degli Spiriti era un luogo antico e misterioso, avvolto in una nebbia dorata e pieno di suoni e sussurri. Il viaggio fu lungo e pieno di insidie, come paludi, alte montagne e fiumi impetuosi, ma Ester, sotto la guida esperta del gufo, mantenne la calma e la determinazione che le servivano per non mollare. Finalmente, raggiunsero la Fonte del Ricordo, un piccolo lago circondato da alberi millenari, il cui riflesso sembrava nascondere segreti dimenticati.

Ester si inginocchiò accanto alla fonte, stringendo il pallone tra le mani. Il gufo si posizionò accanto a lei, osservandola con

i suoi occhi saggi. «Immergi il pallone nell'acqua e pensa al tuo desiderio. Lascia che il tuo amore per Thomas guidi la magia.»

Con il cuore che batteva forte, Ester immerse la sfera nella fonte. Un suono soave si propagò dolcemente nell'aria, e mentre era china con le mani alla fonte, una luce intensa cominciò a emanare dal lago, avvolgendo Ester e il pallone in un bagliore caldo e rassicurante, sotto gli occhi stupiti dei compagni.

Nel mondo reale, Thomas, immerso negli studi, sentì improvvisamente una strana sensazione, come se qualcosa dentro di lui si stesse risvegliando. Prima che potesse capire cosa stava succedendo, si ritrovò improvvisamente catapultato nel mondo magico, tirato come da una forza invisibile.

Quando aprì gli occhi, si trovò circondato dai suoi amici e dagli abitanti del mondo magico, che lo accolsero con grida di gioia. Ester, ancora inginocchiata accanto alla fonte, si voltò e vide suo fratello. Un sorriso di pura felicità le illuminò il volto.

«Ester... cos' hai fatto?» chiese Thomas, avvicinandosi a lei con incredulità.

«Ti ho riportato a casa, Thomas,» rispose lei, con le lacrime agli occhi. «Questo è il tuo posto, insieme a noi.»

Thomas si inginocchiò davanti a lei e la abbracciò forte, sentendo una profonda gratitudine e un amore sconfinato per la sua piccola sorella, talvolta sottovalutata perché più piccola, che con il suo coraggio e il suo amore aveva compiuto un

miracolo.

La festa esplose tra gli abitanti del mondo magico. Finalmente, tutti erano riuniti, e i festeggiamenti continuarono a lungo. Per la prima volta da tanto tempo, Thomas sentì di nuovo quella connessione profonda con quel mondo che una notte, inconsapevolmente aveva anche sognato. Il giorno del suo compleanno, aveva espresso il desiderio di vivere fantastiche avventure assieme ai suoi amici e in compagnia del suo compagno di giochi preferito: un pallone da calcio. Era come se i suoi più profondi desideri fossero stati ascoltati. Quando Thomas e i suoi amici ritornarono a casa, avevano la felicità stampata sul volto e tornarono tutti con gioia alle attività quotidiane, diventando più assennati nello studio, più gentili e disponibile verso gli altri.

Il legame tra lui ed Ester inoltre, divenne così forte e piacevole alla vista, da compiacere i loro genitori, al punto da chiedersi che cosa fosse successo. Pensarono che forse, alla soglia dei suoi dieci anni di età, Thomas fosse diventato molto più maturo.

Grazie al coraggio di Ester, tutto era tornato al suo posto, e l'avventura poteva riprendere, più forte e più fantastica che mai.

Quella sera i genitori di Thomas fecero una sorpresa ai bambini: uscirono a cenare nel loro ristorante preferito, in cui servivano i panini preferiti dei loro figli. Fu una serata davvero speciale, così come speciale era stata la loro giornata.

Sapere che nessuno lo avrebbe più separato dal mondo magico, lo aveva reso molto più tranquillo e sereno.

CAPITOLO 18: LA SFIDA FINALE

Era una giornata luminosa a Borgosole. La scuola era finita e il paese immerso nella gioia delle festività. Le strade erano addobbate con festoni e palloncini, mentre il campo da calcio allestito al centro della piazza era il fulcro dell'attenzione di tutti. I ragazzi di Borgosole si stavano preparando per un'amichevole di ritorno contro il paese di Borgomare, da cui avevano subito una dura sconfitta, un'occasione per divertirsi e dimenticare per un po' le difficoltà affrontate.

Ma, prima del fischio dell'arbitro, tra la folla in festa e il rumore delle risate, una presenza oscura si stava manifestando. L'Ombra, il nemico che i bambini avevano pensato di aver sconfitto per sempre nel mondo magico, era tornato. Stavolta, la sua vendetta si sarebbe consumata nel mondo reale.

L'Ombra apparve all'improvviso, emergendo come un sibilo nel vento. «Pensavate davvero di avermi sconfitto?» disse con una voce fredda. «Avete vinto solo una battaglia, ma la guerra è ancora in atto. Sono qui per una rivincita, e questa volta non sarà nel mondo magico. Sarà qui, nel vostro mondo, dove le vostre paure sono più forti.»

Tutti gli abitanti dei due paesi, tra cui i genitori dei bambini che iniziavano a tifare da bordo campo, si ammutolirono, mentre Thomas, Sara, Sebastian, Andrea e gli altri bambini in

campo, che non capivano, lo guardarono, sentendo il gelo della paura nel cuore. Thomas e i suoi amici, i quali conoscevano bene l'Ombra, sapevano di non potersi tirare indietro e, consultatisi con i compagni e gli avversari, formarono una squadra unica.

«Accettiamo la sfida,» disse Thomas con voce decisa, anche se la sua voce tremava leggermente.

L'Ombra rise, un suono inquietante che fece rabbrividire i presenti. «E così, grazie alla tua sorellina sei riuscito a riallacciare il tuo legame con il mondo magico, che io pensavo di aver reciso per sempre. Siete stati in gamba, ma io non sono abituato ad arrendermi.»

Il suo corpo iniziò a doppiarsi, creando dieci copie di sé stesso. Ogni Ombra indossava un cappuccio nero, e quando lo abbassarono, i bambini videro i loro peggiori incubi riflessi nei volti delle Ombre. Rimasero scioccati nello scorgere le loro paure, sapendo che le avrebbero dovute affrontare in tutti i sensi.

Per ultima, l'Ombra principale, con un gesto delle mani, si sfilò il cappuccio che da sempre aveva celato il suo volto. «Thomas, capitano della squadra ...» gracchiò altezzoso, «preparati ad affrontare la tua più grande paura!»

Thomas vide il suo sogno di diventare un calciatore professionista sgretolarsi davanti a lui, incarnato nel volto dell'Ombra. Vide la sua insegnante di matematica, alla quale era molto affezionato e che lo sosteneva nelle difficoltà,

allontanarsi e sentirsi delusa da lui, e la solitudine prosciugare tutte le sue forze. Non riusciva a sopportarlo.

Tutti gli altri, che avevano sperato in una partita spensierata, iniziarono a sentire il peso delle loro stesse paure. La paura di Sara di fallire nel dimostrare i suoi talenti nello sport e nell'equitazione la paralizzò, influendo sulle prestazioni della partita. La paura di Andrea di perdere tutta la sua conoscenza sulla tecnologia, e di non riuscire più ad essere un emergente e talentuoso pilota di kart, lo bloccò all'istante. La paura di Sebastian di perdere la sua piccola sorellina di un anno e la capacità di suonare il pianoforte lo terrorizzò facendolo cadere in ginocchio per terra.

Ogni bambino vide la propria paura di smarrire i propri talenti e i propri sogni, mescolata all'idea che se avessero perso la partita, il loro mondo, fatto di affetti, scuola, pomeriggi trascorsi con gli amici e con le famiglie, sarebbe svanito per sempre.

La partita iniziò, ma ben presto divenne chiaro che non sarebbe stata una normale partita di calcio. Le Ombre non stavano giocando in modo leale. Ogni volta che uno dei bambini si avvicinava al pallone, l'Ombra che rappresentava la loro paura, faceva riaffiorare i loro incubi peggiori, paralizzandoli. Thomas sentiva il suo sogno frantumarsi ogni volta che cercava di prendere il controllo del gioco. Sara non riusciva a dribblare, Sebastian eseguiva ogni azione con esitazione, e Andrea, anche se circondato dai suoi amici, si sentiva spaesato.

Fine primo tempo. Gli allenatori delle due squadre richiamarono i bambini a sé per incoraggiarli, ma loro sembravano più confusi che mai e, nonostante gli incitamenti, la partita riprese allo stesso modo, con in più la stanchezza di una prima metà di gioco, spesa a contenere la frustrazione di un sogno svanito nel nulla, rubato da un male che giocava sporco e apparentemente invincibile.

Tutto sembrava ormai perduto, ed Ester, seduta in panchina, osservava con crescente preoccupazione. Vedeva i suoi amici sopraffatti dalle loro paure, incapaci di reagire. In quel momento, il saggio gufo, che li aveva aiutati in passato, apparve silenziosamente accanto a lei.

«Ester,» disse il gufo con voce rassicurante, «non tutto è perduto. Hai il potere di cambiare le sorti di questa partita. Ricordi il pallone magico? È ancora con te, e può aiutare i tuoi amici a superare le loro paure.»

Ester annuì, stringendo il pallone magico tra le mani. Sapeva che doveva fare qualcosa e in quel momento prese la sua decisione. Con un gesto deciso, si alzò dalla panchina e corse verso il campo. «Ragazzi!» gridò con tutta la forza che aveva. «Non lasciate che queste Ombre vi controllino! Ricordate chi siete e cosa abbiamo affrontato insieme!»

Ester lanciò il pallone magico in campo con una precisione sorprendente. Thomas e gli altri bambini, nutrendosi dell'energia del pallone, sentirono il peso della paura svanire. I loro sogni non erano in pericolo, perché avevano già

dimostrato a sé stessi quanto valevano, ancor prima di trovare il pallone in soffitta. Sara ritrovò la sua abilità nel dribbling, sapendo che il fallimento era solo una parte del percorso verso il successo. Sebastian si sentì di nuovo energico, consapevole che la vera forza veniva dalla determinazione, e Andrea, con la fiducia nei suoi amici, si accorse che non era mai stato solo.

Le Ombre, ora prive del loro potere intimidatorio, iniziarono a vacillare. I bambini, con il supporto del pallone magico, giocarono con una nuova energia. Thomas dribblava con sicurezza, Sara superava le Ombre con agilità, Sebastian difendeva con forza, e Andrea faceva passaggi precisi e decisivi. I ragazzi di Borgosole e quelli di Borgomare, uniti come una vera squadra, dimostrarono a tutta a tutti, che la forza stava nella collaborazione. Ebbero la consapevolezza che, anche sbagliando un tiro, una nota, un esercizio di matematica, un salto a cavallo, o sbandare in una curva, non avrebbe mai compromesso il loro futuro. La paura era solo quell'emozione che li teneva al sicuro e dava loro la capacità di ponderare ogni scelta con giudizio.

Alla fine, con un ultimo sforzo, Thomas calciò il pallone magico con tutta la sua forza e determinazione. Il pallone volò in aria, superando tutte le Ombre e finendo dritto in porta. Il fischio finale risuonò, e il campo esplose in un boato di gioia.

L'Ombra, ormai sconfitta, iniziò a dissolversi contorcendosi in una smorfia ripugnante insieme alle sue copie. Con un ultimo sibilo, come quello del vento, scomparve per sempre, portando

via con sé tutte le paure che aveva cercato di infliggere ai bambini.

Il saggio gufo apparve ai cinque bambini amici del mondo magico. Aveva un pallone con sé. «Ecco,» disse, «vi restituisco il pallone magico, l'unico portale di accesso al mio mondo dove voi sarete sempre i benvenuti.»

I cinque bambini, ancora con il pallone tra i piedi e gli unici che potevano vedere il gufo, si stupirono. «Ci sono due palloni? Che cosa significa?»

Il gufo, con un'espressione orgogliosa, disse loro qualcosa di straordinario. «Il pallone che Ester vi ha dato a metà partita non era quello magico, ma soltanto una copia fedele proveniente dal vostro mondo.»

I cinque amici rimasero per qualche secondo in silenzio, a guardarsi negli occhi. Dopo un attimo di ragionamento, Sara, che aveva colto le parole del gufo, prese la parola. «Vuoi dire che abbiamo vinto la partita senza il vero pallone magico?»

«È proprio così, mia cara ragazza. Il merito della vittoria è tutto vostro. Anche se il pallone vi ha aiutato all'interno del mondo magico, esso è stato solo un pretesto per accrescere la vostra sicurezza, e che ho messo in atto per dimostrarvi che non vi serve nessun oggetto magico per raggiungere i vostri obiettivi, in quanto la magia risiede dentro ognuno di voi.»

La squadra unita aveva vinto su tutti i fronti. Avevano compreso che il vero potere non risiedeva in un oggetto magico, ma nella loro capacità di affrontare le sfide insieme, di

sostenersi a vicenda e di credere in sé stessi.

Mentre la folla festeggiava, Thomas si voltò verso Ester, che lo guardava con un sorriso fiero. «Grazie, Ester,» disse, avvicinandosi a lei. «Non ce l'avremmo mai fatta senza di te. Grazie per avermi regalato un mondo magico che mi ha reso quello che sono.»

Ester lo abbracciò forte, così come solo una sorella verso un fratello poteva fare. «Ti voglio bene Thomas!»

EPILOGO

Un'altra estate era giunta come una brezza leggera, portando con sé l'odore di erba appena tagliata e il canto degli uccelli che riempivano l'aria di note festose. I giorni di scuola erano finalmente terminati, e Thomas, Sara, Andrea e Sebastian aspettavano con impazienza i risultati degli scrutini finali. La tensione che avevano accumulato nelle ultime settimane si era sciolta come neve al sole quando scoprirono di essere stati tutti promossi in prima media. La felicità esplose nei loro cuori, ma, insieme alla gioia, vi era anche una leggera malinconia, un'ombra appena percettibile che si insinuava tra i loro pensieri.

Sapevano che, anche se avrebbero frequentato la stessa scuola, c'era la possibilità che venissero separati in classi diverse. La consapevolezza che l'anno successivo avrebbe potuto cambiare la loro routine quotidiana, dividendo quel gruppo che si era aggregato in modo così indissolubile, li metteva a disagio. Tuttavia, quella lieve paura non poteva cancellare l'avventura straordinaria che avevano vissuto insieme, né il legame speciale che li univa. Un legame che andava oltre il semplice gioco o la condivisione di esperienze scolastiche, ma che affondava le sue radici nel mondo magico che avevano scoperto e salvato insieme.

Ester, la piccola sorellina di Thomas, osservava i suoi amici più

grandi con occhi enormi e curiosi. Aveva sempre guardato a loro come a degli eroi, non solo per quello che avevano fatto nel mondo magico, ma anche per il modo in cui si prendevano cura di lei e la facevano sentire parte del gruppo, nonostante la differenza d'età. Quando seppe che non li avrebbe più visti a scuola ogni giorno, il suo cuore si riempì di tristezza. Per lei, il pensiero di rimanere indietro mentre loro avanzavano verso nuove avventure scolastiche era difficile da accettare. Ma Thomas, con la sua tipica gentilezza, le posò una mano sulla spalla e la rassicurò. «Non preoccuparti, Ester. Sarai sempre la benvenuta durante i nostri giochi, e sarai la prima a partire con noi quando torneremo nel mondo magico.» Sara, Andrea e Sebastian annuirono convinti. Quelle parole riempirono Ester di calore e speranza, sapendo che avrebbe sempre fatto parte di quel gruppo speciale.

Quell'anno trascorso insieme aveva cambiato tutti loro. Non erano più semplici bambini di un piccolo paese, ma ragazzi che avevano imparato il valore dell'amicizia, della lealtà, della fiducia in sé stessi e del coraggio in modi che pochi potevano comprendere. Erano stati messi alla prova, avevano superato paure che avrebbero paralizzato molti adulti, e avevano affrontato un nemico oscuro che minacciava non solo il mondo magico, ma anche il loro mondo. Quelle esperienze avevano lasciato un segno profondo nei loro cuori, rendendoli più bravi, più generosi, più altruisti e, soprattutto, più uniti.

Nel corso di quell'anno, avevano anche capito che le vere

battaglie non si combattono solo con la forza fisica o con l'astuzia, ma con il cuore e con l'aiuto reciproco. E questi valori li avevano portati anche nel mondo reale, aiutando i compagni di scuola, sostenendo chi aveva bisogno, e affrontando con determinazione le sfide quotidiane. Il mondo magico aveva insegnato loro lezioni che nessun libro di scuola avrebbe mai potuto impartire, e quelle esperienze le avrebbero custodite per sempre.

Anche i genitori dei cinque bambini avevano osservato i cambiamenti nei loro figli. Loro stessi avevano stretto un'amicizia più forte, alimentata dal comune amore per i propri ragazzi e dal desiderio di sostenerli in ogni momento. Avevano visto i loro figli crescere non solo fisicamente, ma anche emotivamente, maturando in modi che spesso li lasciavano sorpresi e orgogliosi. Ogni volta che s'incontravano, le loro conversazioni non vertevano più solo su piccole questioni quotidiane, ma anche su come i loro bambini avevano affrontato e risolto problemi, dimostrando una saggezza inusuale per la loro età.

L'estate si prospettava lunga e piena di avventure, anche se questa volta sarebbero state meno magiche e più reali. Ma una cosa era certa: nulla avrebbe mai potuto spezzare il legame che li univa. Sapevano che, qualunque cosa il futuro riservasse loro, l'amicizia e le lezioni apprese durante quell'anno straordinario sarebbero rimaste con loro per sempre, guidandoli attraverso le sfide della vita con la stessa determinazione e lo stesso

coraggio che avevano dimostrato nel mondo magico.

CONTENUTI EXTRA

INQUADRA IL QR CODE PER
ACCEDERE AI CONTENUTI SPECIALI

Printed in Great Britain
by Amazon